ORDONNANCE
DU ROI,

POUR RÉGLER

L'EXERCICE
DE SES TROUPES
D'INFANTERIE.

Du 1er. Juin 1776.

A TOULON,
De l'Imprimerie de J. L. R. MALLARD,
ſeul Imprimeur du Roi.

ORDONNANCE DU ROI,

Pour régler L'EXERCICE *de ſes Troupes* D'INFANTERIE.

Du 1er. Juin 1776.

DE PAR LE ROI.

SA MAJESTÉ ayant réglé, par deux Inſtructions proviſoires, la premiere du 11 Juin 1774, & la ſeconde du 30 Mai 1775, les différentes manœuvres ſur leſquelles ſes Troupes d'Infanterie devoient être exercées, & ayant jugé que la préſente Ordonnance ne devoit comprendre que ce qui doit ſe faire & s'exécuter à la guerre; Voulant auſſi Sa Majeſté, retrancher tout ce qui eſt de parade ou de détails peu eſſentiels, Elle a ordonné & ordonne ce qui ſuit :

TITRE PREMIER.

De l'Armement & de l'Équipement.

TOUTES les parties de l'armement & de l'équipement des Officiers, bas-Officiers, Grenadiers, Chaſſeurs, Soldats & Tambours, seront uniformes & conformes aux modeles qui ſeront envoyés.

Les Colonels-commandans, les Colonels en ſecond, les Lieutenans-colonels & les Majors, auront pour toutes armes des épées, qu'ils mettront à la main tous les fois qu'ils ſeront ſous les armes.

Tous les Officiers de Grenadiers, de Chaſſeurs & de Fuſiliers, ſeront armés de fuſils uniformes avec leur baïonnette, d'épées & de gibernes.

Tous les Officiers, depuis le Brigadier jusqu'au Porte-drapeau inclusivement, porteront des hausse-cols.

L'Adjudant n'ayant de place dans l'ordre de bataille, qu'auprès du Colonel-commandant, ou du Commandant du régiment, pour porter ses ordres, ne mettra l'épée à la main qu'à la guerre, & seulement dans le cas de nécessité, pour sa défense personnelle. Il portera une canne.

Tous les bas-Officiers des compagnies de Grenadiers, Chasseurs & Fusiliers, les Grenadiers, les Chasseurs, seront armés de fusils, avec leur baïonnette, d'un sabre & d'une giberne.

Les Fusiliers seront armés d'un fusil, d'une baïonnette & d'une giberne.

Les Tambours seront armés d'un sabre semblable à celui des Grenadiers.

Les épées, les sabres & les baïonnettes seront portés par des ceinturons conformes aux modeles qui seront envoyés, & de la maniere réglée par l'Ordonnance de l'Habillement & Équipement.

TITRE II.

ARTICLE PREMIER.

Objets sur lesquels les Officiers & les bas-Officiers doivent être instruits.

LE Colonel-commandant de chaque régiment, ou le Commandant du régiment en son absence, sera responsable de l'instruction générale des Officiers, bas-Officiers, Grenadiers, Chasseurs, Soldats & Tambours.

Il exercera ou fera exercer les Officiers par un Officier supérieur, toutes les fois qu'il le jugera à propos.

Le Colonel en second, le Lieutenant-colonel & le Major, seront chargés sous ses ordres, de l'instruction générale du régiment; il les emploiera partout où leur présence pourra être utile au bien du service, & il emploiera particuliérement le Colonel en second & le Lieutenant-colonel à l'instruction & au commandement de leur bataillon, dont ils sont spécialement chargés.

Tous les Officiers & bas-Officiers de

chaque régiment, seront tenus de savoir & d'exécuter avec précision, tout ce qui a rapport au maniement des armes, à la marche & à ses différens pas, aux évolutions & aux différens feux, pour être en état d'instruire & d'exercer leur troupe dans tous les cas.

Ils doivent être également instruits sur tous les objets relatifs au service, à la tenue & à la discipline.

ARTICLE 2.

Maniement du fusil pour les Officiers & bas-Officiers de Grenadiers, de Chasseurs & de Fusiliers.

LES Officiers & bas-Officiers de Grenadiers, de Chasseurs & de Fusiliers, auront toujours, ainsi que la troupe, la baïonnette au bout du fusil.

Port de l'Arme.

L'ARME dans le bras droit & au défaut de l'épaule, le canon en arriere & à plomb, la baguette en dehors, le bras alongé, la main droite embrassant le chien & la sougarde, la crosse à plat le long de la cuisse droite, la main gauche pendante derriere l'épée-

ÉNONCÉ des Commandemens.	POUR exécuter. *Temps.*	POUR montrer. *mouvemens*
Reposez-vous = sur vos armes.	1.	2.
Vos armes = à terre.		
Relevez = vos armes.		
Portez = vos armes.	1.	2.

EXPLICATION DES MOUVEMENS.

Premier mouvement.

PORTER brusquement la main gauche à la capucine du milieu, détachant un peu l'arme de l'épaule, avec la main droite; lâcher en même temps la main droite; descendre l'arme de la main gauche; la resaisir avec la droite, au-dessus de la premiere capucine d'en bas, le pouce droit sur le canon pour l'empoigner, les quatre doigts alongés sur le bois, l'arme d'aplomb, la crosse à trois pouces de terre, le talon de la crosse dirigé sur le côté de la pointe du pied droit, & laisser tomber la main gauche derriere l'épée.

Second mouvement.

Laisser glisser l'arme dans la main droite, sans que la main droite bouge, pour que le talon de la crosse se place contre & à côté de la pointe du pied droit.

Comme il sera dit pour le Soldat au Titre III, article 5, de l'*Inspection des armes*.

Premier mouvement.

Elever l'arme perpendiculairement avec la main droite, à hauteur du teton droit, vis-à-vis de l'épaule, à deux pouces du corps, le

ÉNONCÉ des Commandemens.	POUR exécuter. *Temps.*	POUR montrer. *mouvemens*
L'arme = au bras.	1.	3.

EXPLICATION DES MOUVEMENS.

coude droit y restant joint; saisir l'arme de la main gauche, au-dessous de la main droite, à la premiere capucine, & aussitôt descendre la main droite pour empoigner la sougarde & le chien, en appuyant l'arme à l'épaule.

Second mouvement.

Laisser tomber la main gauche pendante derriere l'épée, le bras droit alongé.

Premier mouvement.

Porter l'arme en avant, avec la main droite entre les deux yeux & à plomb, la baguette en dehors, saisissant l'arme de la main gauche à la capucine, l'élevant à hauteur du menton, & l'empoignant en même temps avec la main droite à quatre pouces au-dessous de la platine.

Second mouvement.

Retourner l'arme avec la main droite, le canon en dehors, pour l'appuyer à l'épaule gauche, & passer l'avant-bras gauche horizontalement sur la poitrine, la main sur le teton droit, entre la main droite & le chien, pour qu'il soit appuyé sur l'avant-bras.

Troisieme mouvement.

Laisser tomber la main droite pendante su le côté.

ÉNONCÉ des Commandemens.	POUR exécuter. Temps.	POUR montrer. mouvemens
Portez = vos armes.	1.	3.
	1.	3.

EXPLICATION DES MOUVEMENS.

Premier mouvement.

Empoigner l'arme avec la main droite au-dessous & contre le bras gauche.

Second mouvement.

Porter l'arme avec la main droite perpendiculairement contre l'épaule droite, la baguette en avant, la saisissant avec la main gauche à hauteur de l'épaule droite ; la main droite, dont le bras sera alongé, se tournera en même temps pour empoigner la sougarde & le chien.

Troisieme mouvement.

Laisser tomber la main gauche pendante derriere l'épée.

ARTICLE 3.

Maniement du fusil des Caporaux.

LES Caporaux porteront dans le rang l'arme comme le Soldat ; mais s'ils doivent être en serre-file, ou représenter des Sergens, ou marcher à la tête d'une Troupe ou d'une pose de Sentinelles, ils porteront le fusil dans le bras droit comme les Officiers & les Sergens ; ils exécuteront ce changement en un temps.

Ce temps se montrera en trois mouvemens.

ÉNONCÉ des Commandemens.	POUR exécuter. *Temps.*	POUR montrer. *mouvemens*
	1.	3.

EXPLICATION DES MOUVEMENS.

Premier mouvement.

Empoigner l'arme avec la main droite, en tournant la platine en dessus, comme il est dit au *Titre III*, *article* 4, au premier mouvement du temps, *présentez vos armes.*

Second mouvement.

Porter l'arme perpendiculairement avec la main droite, contre l'épaule droite, la baguette en dehors, le bras droit alongé, la main droite empoignant le chien & la sougarde, la main gauche saisissant l'arme à hauteur de l'épaule.

Troisieme mouvement.

Laissez tomber la main gauche pendante derriere le sabre.

Pour porter l'arme comme Soldat.

Ils l'exécuteront en un temps, qui se montrera en trois mouvemens.

Premier mouvement.

Détacher l'arme de l'épaule droite, la porter perpendiculairement entre les deux yeux, la main gauche la saisissant à hauteur de la cravate; la main droite quittant alors le chien & la sougarde pour prendre l'arme à la poignée, la fixant à hauteur du dernier bouton de la veste.

ÉNONCÉ des Commandemens.	POUR exécuter. *Temps.*	POUR montrer. *mouvemens*
Reposez-vous = sur vos armes.	1.	2.

EXPLICATION DES MOUVEMENS.

Second mouvement.

Elever l'arme de la main droite, le pouce alongé le long de la contre-platine; tourner le canon en dehors, placer l'arme contre l'épaule gauche, & descendre en même temps la main gauche sous la crosse.

Troisieme mouvement.

Laisser tomber la main droite sur le côté.

ARTICLE 4.

Maniement du Drapeau.

LORSQUE les Porte-drapeaux seront sous les armes en parade, & qu'ils devront porter le drapeau, ils le porteront en appuyant le talon sur la hanche droite, le tenant un peu de biais, la lance en avant, la main droite placée à un pied & demi au-dessus de l'extrémité du talon, la main gauche pendante derriere l'épée.

Premier mouvement.

Détacher le drapeau de la hanche droite; le porter perpendiculairement devant soi; le saisir de la main gauche à un demi-pied au-dessus de la main droite; lâcher en même temps le drapeau de la main droite, pour l'abaisser de la gauche, & le porter à plomb

ÉNONCÉ des Commandemens.	POUR exécuter. *Temps.*	POUR montrer. *mouvemens*
Portez = vos armes.	1.	2.

EXPLICATION DES MOUVEMENS.

à côté de la pointe du pied droit ; le saisir aussitôt de la main droite à hauteur du teton, le talon à trois pouces de terre, la main gauche tombant en même temps derriere l'épée.

Second mouvement.

Laisser glisser, le drapeau, le talon à côté de la pointe du pied droit, la main droite contenant toujours le drapeau à hauteur du teton, le coude au corps.

Premier mouvement.

Elever le drapeau de la main droite à hauteur du menton ; le saisir de la main gauche à hauteur du dernier bouton de la veste, l'élever aussitôt de cette main à hauteur du menton, & descendre la main droite pour le saisir à hauteur du dernier bouton de la veste, le drapeau d'aplomb.

Second mouvement.

Le placer sur la hanche droite dans la position prescrite pour le porter, la main gauche pendante derriere l'épée.

Pour saluer du Drapeau en le portant, soit de pied-ferme, soit en marchant.

La personne qu'on devra saluer étant éloignée de six pas, baisser doucement la lance

ÉNONCÉ des Commandemens.	POUR exécuter. *Temps.*	POUR montrer. *mouvemens*

EXPLICATION DES MOUVEMENS.

jusqu'à six pouces de terre, en restant face en tête, sans que le talon du drapeau quitte la hanche; relever doucement la lance lorsque la personne qu'on aura saluée sera dépassée de deux pas.

Les Officiers & bas-Officiers étant sous les armes, ne salueront jamais du chapeau.

Lorsque les armes seront à terre, on plantera les drapeaux en terre, & on y posera une Sentinelle pour les garder.

Les Officiers & les bas-Officiers de Grenadiers & de Chasseurs se reposeront sur leurs armes, les poseront à terre, les releveront & les reporteront en même temps que la troupe.

Toutes les fois qu'un bataillon rendra des honneurs, on portera le drapeau à la hanche.

Toutes les fois qu'un bataillon sera en bataille, on portera le drapeau à l'épaule droite, le bras droit alongé, le talon dans la main droite.

Du maniement de l'Epée.

Les Officiers armés d'épées la porteront à l'épaule droite, la lame appuyée contre l'épaule, la poignée tenue par la main droite à hauteur & en avant de la hanche.

ÉNONCÉ des Commandemens.	POUR exécuter. *Temps.*	POUR montrer. *mouvemens*
	4.	

EXPLICATION DES MOUVEMENS.

Salut de l'Epée.

Lorſque les Officiers ſupérieurs devront ſaluer de l'épée, ſoit de pied-ferme, ſoit en marchant, ils le feront en quatre temps.

Premier temps.

La perſonne qu'on devra ſaluer étant à ſix pas de diſtance, on élevera l'épée perpendiculairement la pointe en haut, la lame plate devant ſoi, la garde vis-à-vis & à un pied de diſtance de l'épaule droite, le coude un demi-pied plus bas que le poignet.

Second temps.

Baiſſer doucement la lame de l'épée, de maniere que la main ſoit à côté & vis-à-vis le milieu de la cuiſſe droite, tourner alors le poignet un peu en dehors, abaiſſer la pointe de l'épée fort doucement, & reſter dans cette poſition juſqu'à ce que la perſonne qu'on aura ſaluée ſoit dépaſſée de deux pas.

Troiſieme temps.

Relever l'épée la pointe en haut, la tenant comme au premier temps.

Quatrieme temps.

Porter l'épée à l'épaule, comme il eſt preſcrit ci-deſſus.

TITRE III.

De l'instruction des Recrues.

ARTICLE PREMIER.

Officiers chargés de l'instruction des Recrues.

LE Capitaine-commandant, sera chargé de l'instruction de ses Recrues; mais cette partie essentielle exigeant de la part des Officiers & bas Officiers qui y sont employés, une intelligence une patience, une douceur & une fermeté que tous les hommes ne réunissent pas au même degré, le Capitaine-commandant choisira dans sa compagnie un Officier, un Sergent, & deux Caporaux, qui seront spécialement chargés de l'instruction des Recrues.

Le Capitaine-commandant, après avoir fait son choix, les proposera au Commandant du Régiment qui, aprés s'être assuré de leur intelligence, & qu'ils ont les qualités requises les agréera

Rien

Rien n'étant plus important pour le bien du ſervice de Sa Majeſté, que les Recrues ſoient promptement formées & miſes en état d'entrer dans le bataillon ; elle attend du zèle des Officiers qui en ſeront chargés, qu'en ſe conformant avec exactitude à ce qui ſera preſcrit ci-après, ſans y rien ajouter ni diminuer, le plus grand nombre des Recrues ſera dreſſé en ſix ſemaines.

Quoique ſa Majeſté ordonne qu'il ſoit fait choix pour être attaché à l'inſtruction particulière des Recrues dans chaque compagnie, d'un Officier, d'un Sergent & de deux Caporaux parmi ceux qui montreront le plus de zèle & d'intelligence ; ſon intention eſt neanmoins qu'aucun ſujet propoſé pour être Officier, ne puiſſe être admis à ce nouveau grade qu'il n'ait préſenté au Commandant du Régiment, trois hommes de Recrue dreſſés par lui & mis en état d'entrer dans le bataillon, afin que dans le cas de l'arrivée d'un nombre conſidérable de Recrues, tous les Officiers puissent indistinctement être employés à cette partie essentielle.

Autant qu'il sera possible, il y aura un rendez-vous général indiqué pour le rassemblement des recrues, afin que les Officiers supérieurs puissent veiller sur cette partie autant que leurs autres fonctions le leur permetront.

Le Commandant du Régiment nommera un Officier parmi ceux qui seront attachés aux Recrues de chaque compagnie, ou parmi les autres Officiers du Régiment, en observant que cet Officier ait par son grade ou son ancienneté, l'autorité sur tous les autres; lequel sera chargé de surveiller l'instruction des Recrues & de faire observer les moyens prescrits & la progression indiquée ci-après.

Au moyen du rassemblement des Recrues dans le même lieu, on pourra réunir les Recrues de deux ou plusieurs compagnies, afin de les instruire ensemble des choses qu'on ne pourroit leur montrer séparément, en se conformant cependant aux différens degrés de rassemblement qui seront indiqués ci-après.

Tout Officier employé à l'instruction des Recrues de sa compagnie, ne pourra en proposer la réunion à l'Officier qui sera chargé de surveiller l'École des Recrues du Régiment qu'après qu'il les aura présentés à son Capitaine, qui jugera d'abord s'ils sont suffisamment instruits, & qui pour cet effet les visitera au moins deux fois par semaine.

ARTICLE 2.

Progression de l'École des Recrues.

On prendra les Recrues homme par homme.

Position du Soldat.

Les talons joints & posés sur la même ligne, les pointes des pieds également en dehors & en équerre, les jarrets tendus sans les roidir, le corps bien à-plomb, les épaules droites, effacées & également tombantes, le haut du corps & la poitrine en avant, sans cependant tendre le derrière, les bras alongés dans toute leur longueur, ſans les roidir, les deux mains pendantes & placées à plat ſur le côté de la cuiſſe, la tête dégagée des épaules, le cou retiré en arrière, le menton un peu rapproché de la cravate, ſans cependant la couvrir, la tête tournée à droite, de manière que l'œil gauche ſe trouve dans la direction des boutons de la veſte, le regard fixé ſur l'objet qui lui ſera indiqué.

On obſervera ſur-tout que dans ſa poſition le Soldat n'éprouve aucune gêne, & on n'emploiera aucun autre moyen que celui qui eſt preſcrit par la préſente Ordonnance.

On accoutumera le Soldat à l'immobilité, il la prendra auſſitôt qu'on lui ſera le commandement:

Garde = à vous.

Il la conſervera juſqu'à l'avertiſſement:

Repos.

Le commandement *garde à vous*, ſera celui dont on ſe ſervira dans tous les cas où une troupe étant au repos, on voudra lui faire reprendre l'immobilité.

Aprés cette première position, on lui donnera sa giberne & on lui montrera comme elle doit être placée.

On lui fera exécuter les mouvemens de tête par les commandemens.

Tête = à gauche.

Tête = à droite.

Tête = à gauche.

A ce commandement, tourner brusquement la tête à gauche, de manière que l'œil droit se trouve dans la direction des boutons de la veste.

Tête = à droite.

La tourner brusquement pour reprendre la même position, sans que le corps bouge, & sans pencher la tête.

On lui montrera ensuite les *à droite* les *à gauche*, & les *demi-tour à droite.*

à droite .... 1. temps.

Tourner le talon gauche, élevant un peu la pointe du pied gauche, rapporter en même temps le talon droit à côté du gauche & sur le même alignement, sans frapper du pied.

A gauche.... 1 temps.

Tourner aussitôt sur le talon gauche, rapporter le talon droit à côté du gauche, & sur le même alignement.

Demi tour = à droite.... 2 temps.

Premier temps.

Porter le pied droit en arrière, le talon droit à trois pouces du gauche, la boucle du pied droit contre le talon gauche, saisir en même temps la giberne par le coin avec la main droite.

Deuxième temps.

Tourner sur les deux talons, les jarrets tendus, en élevant un peu la pointe des pieds ramener le pied droit sur l'alignement du talon gauche, & lâcher la giberne.

On observera de couper ce commandement de manière que le premier temps s'exécute après l'avertissement *demi-tour*, & le deuxième temps aussitôt qu'on aura prononcé *à droite*.

Après cette premiere instruction, on donnera à l'homme les premiers principes du pas.

Pas d'Ecole.

Ce pas sera de deux pieds; il sera un peu plus lent que le pas ordinaire, & d'environ soixante pas par minute.

Commandemens.

1. *En avant.*

2. *Marche.*

Porter brusquement en avant, mais sans secousse, la jambe gauche tendue, pousser aussitôt la totalité du corps en avant, sans que les épaules tournent ni à droite ni à gauche en détendant la jambe pour poser le pied gauche à terre, à deux pieds, en comptant d'un talon à l'autre, le genou un peu fléchi; tendre le genou de la jambe qui est à terre à mesure que le poids du corps arrive dessus; continuer de pousser le corps, sans que les épaules tournent ni à droite ni à gauche; déployer successivement la jambe droite (sans cependant la tendre tout-à-fait) en la passant en avant par un mouvement égal & continu, pour poser le pied droit à terre, à deux pieds en avant du gauche, le genou de même un peu fléchi; le tendre en achevant d'y apporter le poids du corps, & continuer de le pousser en avant pour commencer le troisieme pas, en suivant à tous les autres pas; ce qui vient d'être prescrit pour le passage de la jambe droite en avant.

Cette forme de pas n'étant déterminée que pour se conformer au mécanisme naturel de la marche, on recommandera à l'homme de recrue de ne mettre de roideur dans aucun de ses mouvemens ; on cherchera sans aucun autre moyen que celui indiqué ci-dessus, à lui faire acquérir une marche simple, facile, naturelle, & qui puisse lui servir également dans toute espece de terrein, & dans tous les différens degrés de vîtesse.

Halte.

Finir le pas commencé, en rapportant vivement & sans frapper le pied à côté de celui qui est à terre, & tourner la tête à droite, si elle étoit à gauche en marchant; cette position devant toujours être celle du Soldat de pied-ferme, à moins qu'il ne lui soit fait un commandement contraire.

Le commandement *halte* se fera indistinctement sur l'une ou l'autre jambe.

Après la premiere instruction du pas d'Ecole, on lui fera porter l'arme.

Port de l'Arme.

L'arme dans la main gauche, le bras presque alongé de sa longueur, le coude joint au corps sans le serrer, la paume de la main collée contre le plat extérieur de la crosse, le premier doigt sur la vis, le pouce par-dessus, les trois derniers doigts par-dessous le talon de la crosse, qui sera appuyée plus ou moins en avant, ſuivant la conſtruction de la hanche, de maniere que l'arme ſoit auſſi droite qu'il ſera poſſiſible, la baguette du fuſil au défaut de l'épaule, le canon en dehors, la main droite à plat le long de la cuiſſe & ſur le côté.

Attentions que doit avoir l'Inſtructeur dans le pas d'Ecole, & pour le port d'armes.

Que la tête & le corps conſervent toujours la poſition qu'il a donnée; que l'arme ne vacille point; que les épaules ne tournent ni à droite ni à gauche; que le corps & les jambes ſoient toujours également en mouvement; que le corps ſe porte toujours ſur la jambe qui poſe à terre; que l'impulſion du corps ſoit toujours proportionnée au degrés de vîteſſe de la marche; que l'inſtructeur, ſur-tout dans les premiers temps, indique ſouvent cette vîteſſe à l'homme de recrue, en marchant lui-même un peu en avant de lui; que les jambes ne croiſent point l'une ſur l'autre.

Le Soldat ayant reçu les principes de la position du corps & du pas d'Ecole, & ayant acquis l'aplomb nécessaire, on réunira trois hommes; ils seront exercés aux différents pas, tantôt en rang, tantôt en file.

Pas ordinaire.

Le pas ordinaire sera de deux pieds, & sa vîtesse de soixante-dix pas par minute; il s'exécutera sur les mêmes principes que le pas d'Ecole, en observant sur-tout que le corps se porte continuellement en avant, & que son impulsion détermine constamment le mouvement des jambes.

Pas de manœuvre.

Le pas de manœuvre sera de même étendue, & sa vîtesse de cent vingt pas par minute.

Pas de route.

Le pas de route sera de même étendue, & sa vîtesse de quatre-vingt-dix à cent pas par minute.

Pas par le flanc.

Le pas de flanc sera de deux pieds;

il s'exécutera sur les mêmes principes, excepté que le haut du corps se portera encore plus décidément en avant, & qu'en posant le pied à terre, le genou sera un peu plus fléchi.

Marche de flanc.

Les trois hommes étant sur un rang joints bras à bras, on leur fera faire *à droite* ou *à gauche.*

Au commandement *marche*, la file marchera en avant.

Attentions des bas-Officiers dans la marche de flanc.

Que le Soldat porte le corps en avant au commandement *marche*; que chaque homme conserve toujours exactement l'intervalle qui le sépare de son chef-de-file, après avoir fait *à droite* ou *à gauche*, supposant chaque homme joint bras à bras à son voisin lorsqu'il étoit en rang:

Que pendant la marche, le corps soit toujours en mouvement:

Que les jambes passent également:

Que le pas ne soit jamais moins long que de deux pieds.

Pas oblique.

Le pas oblique ſera alongé le plus qu'il ſera poſſible, ſuivant le degré d'obliquité dans lequel on marchera.

Au commandement. { *Oblique à droite = marche*, ou *Oblique à gauche = marche.*

Déterminer l'impulſion du corps & marcher obliquement à droite ou à gauche, laiſſant toujours la tête tournée du côté vers lequel elle ſe trouve.

En avant = marche.

Le Soldat marchera devant lui, en pouſſant le corps en avant.

Attentions de l'Inſtructeur dans la marche oblique.

Déterminer lui-même l'obliquité de la *marche*, exiger que les trois hommes appuient en même temps *à droite* ou *à gauche*; que les épaules reſtent carrément; prendre garde ſur-tout que l'épaule oppoſée au côté vers lequel on appuiera n'avance hors du rang; que les trois hommes reſtent joints bras à bras du côté de l'alignement.

On

On exercera fréquemment les Soldats à raccourcir, & sur-tout à alonger ces différens pas.

Pour raccourcir, on commandera :

Petit pas = marche.

Marcher le pas d'un pied.

Pour alonger, on commandera :

Alongez = marche.

Marcher le pas de deux pieds & demi.

Ces deux différens pas pourront être raccourcis, pressés ou ralentis suivant le besoin ; la mesure & la célérité en seront alors déterminées par l'Instructeur, qui se placera de temps en temps à côté des hommes de recrue, à leur droite ou à leur gauche, suivant le côté vers lequel ils auront la tête tournée.

On accoutumera les Soldats à marquer le pas sans avancer par le commandement.

Marquez le pas.

Rapporter le talon de la jambe en mouvement contre & à côté de celui qui est à terre, jusqu'au commandement *halte*, auquel le Soldat rapportera le talon de la jambe qui sera en mouvement à côté de celui qui est à terre, ou jusqu'au commandement *en avant = marche*, qui se fera indistinctement sur l'une ou l'autre jambe, & auquel le Soldat portera le corps en avant.

En arriere = marche.

On marchera en arriere en portant le pied gauche en avant au commandement *marche*; mais on ne se servira de ce pas que pour faire reculer un petit nombre de pas, une troupe qui seroit trop en avant.

On exercera le Soldat à passer du pas ordinaire au pas de manœuvre, & du pas de manœuvre au pas ordinaire.

On commandera :

Pas de manœuvre = marche.

ou

Pas ordinaire = marche.

Prendre le pas de manœuvre ou le pas ordinaire, suivant le commandement.

On exercera le Soldat à passer du pas en avant au pas oblique, & du pas oblique au pas en avant, par les commandemens indiqués ci-dessus.

Le Soldat étant instruit sur ces différens pas, on lui montrera le maniement des armes dans l'ordre ci-après.

ARTICLE 3.

Maniement des armes.

Le maniement des armes ſera montré aux trois hommes enſemble, d'abord *en rang*, enſuite *en file*.

Les temps ſeront diviſés en mouvemens, pour montrer au Soldat le méchaniſme de chaque temps.

La derniere ſyllabe du commandement, décidera l'exécution du premier mouvement; les commandemens *deux*, *trois*, &c. décideront l'exécution de tous les autres.

Lorſque le Soldat connoîtra la poſition de chaque mouvement d'un temps, on lui montrera auſſitôt à exécuter ce temps avec la plus grande vivacité, ſans s'arrêter ſur les différens mouvemens, & ſans exiger qu'ils ſoient parfaitement diſtincts, la perfection dans l'exécution de chaque temps dépendant au contraire d'arriver avec la plus extrême célérité au réſultat du temps commandé.

ÉNONCÉ des Commandemens.	POUR exécuter. Temps.	POUR montrer. mouvemens
Charge en douze temps.		
Avertissement.		
1. *Chargez = vos armes.*	1.	2.

EXPLICATION DES MOUVEMENS.

ARTICLE 4.

De la charge en douze temps.

Premier mouvement.

FAIRE *demi à droite*, sur le talon gauche ; placer le pied droit en équerre derriere le talon gauche, la boucle appuyant au talon ; tourner en même temps la platine en dessus avec la main gauche ; saisir la poignée du fusil avec la main droite ; l'arme d'à-plomb & détachée de l'épaule, laisser la main gauche libre sur le talon de la crosse.

Second mouvement.

Abattre l'arme avec la main droite dans la main gauche, qui vient en même temps saisir l'arme à la premiere capucine, le pouce alongé le long du bois, la crosse sous le bras droit, la poignée du fusil contre & au-dessus du teton droit, le bout du canon à hauteur de l'œil, la sougarde un peu en dehors, le coude gauche appuyé sur le côté : en même temps que l'arme tombe dans la main gauche, le pouce de la main droite se place contre la batterie au-dessus du chien, les quatre doigts

ÉNONCÉ des Commandemens.	POUR exécuter. *Temps.*	POUR montrer. *mouvemens*
2. *Ouvrez = le bassinet*	I.	I.
3. *Prenez = la cartouche.*	I.	I.
4. *Déchirez = la cartouche.*	I.	I.
5. *Amorcez.*	I.	I.
6. *Fermez = le bassinet.*	I.	I.

EXPLICATION DES MOUVEMENS.

de la main fermés, l'avant-bras droit le long de la crosse.

Découvrir le bassinet en poussant fortement la batterie avec le pouce de la main droite; retirer le coude en arriere; porter la main à la giberne, en la passant entre la crosse & le corps, & ouvrir la giberne.

Prendre une cartouche, la tenir entre le pouce & les deux premiers doigts, la porter tout de suite entre les dents, la main droite passant entre la crosse & le corps.

Déchirer la cartouche jusqu'à la poudre, la tenant près de l'ouverture entre le pouce & les deux premiers doigts, la descendre tout de suite, & la placer horizontalement sur le bassinet, le dessus de la main en l'air, le coude appuyé sur la crosse.

Baisser la tête; porter l'œil sur le bassinet; le remplir de poudre; resserrer la cartouche près de l'ouverture, avec le pouce & le premier doigt; relever la tête; porter la main droite derriere la batterie, en appuyant les deux derniers doigts dessus.

Résister de la main gauche, fermer fortement le bassinet avec les deux derniers doigts, tenant toujours la cartouche dans les deux premiers; saisir tout de suite la poignée du

ÉNONCÉ des Commandemens	POUR exécuter. *Temps.*	POUR montrer. *mouvemens*
7. *L'arme = à gauche.*	1.	2.
8. *Cartouche = dans le canon.*	1.	1.

EXPLICATION DES MOUVEMENS.

fusil avec les deux derniers doigts & la paume de la main droite ; le poignet joint au corps ; le coude en arriere & un peu détaché du corps.

Premier mouvement.

Redresser l'arme, en étendant fortement le bras droit de sa longueur ; tourner en même temps la baguette vers le défaut de l'épaule ; couler la main gauche jusqu'à la seconde capucine, le chien portant sur le pouce de la main droite, & faire en même temps *face en tête*, en portant le pied droit en avant, le talon contre, & touchant la boucle du pied gauche.

Second mouvement.

Lâcher alors le fusil de la main droite, descendre l'arme avec la main gauche le long & près du corps ; remonter en même temps la main droite à hauteur, & à un pouce du bout du canon ; poser la crosse à terre sans frapper, la main gauche appuyée au-dessous du dernier bouton de la veste, l'arme touchant la cuisse gauche, le bout du canon à huit pouces & vis-à-vis le défaut de l'épaule droite.

Porter l'œil sur le bout du canon ; tourner

ÉNONCÉ des Commandemens.	POUR exécuter. Temps.	POUR montrer. mouvemens.
9. *Tirez = la baguette.*	1.	2.
10. *Bourrez.*	1.	1.

EXPLICATION DES MOUVEMENS.

brusquement le dessus de la main droite vers le corps pour renverser la poudre en élevant le coude à hauteur du poignet ; secouer la cartouche & laisser la main renversée, les doigts fermés sans les serrer.

Premier mouvement.

Baisser vivement le coude droit, & saisir la baguette entre le pouce & le premier doigt ployé ; tirer tout de suite la baguette à moitié hors des tenons ; renverser vivement la main droite, le pouce en bas, le coude droit élevé, pour saisir la baguette près des tenons, avec le bout des doigts & le pouce ; achever de la tirer dans la même direction, en alongeant les doigts vers le gros bout, & étendant le bras de toute sa longueur.

Second mouvement.

Tourner, le bras tendu, la baguette entre la baïonnette & le visage, la baguette du deuxieme & du troisieme rang rasant l'épaule droite de son chef-de-file ; porter le gros bout dans le canon, & le faire entrer jusqu'à la main qui tiendra la baguette empoignée.

Etendre le bras de sa longueur, en remontant la main droite pour saisir la baguette,

ENONCÉ des Commandemens.	POUR executer. Temps.	POUR montrer. mouvemens
11. *Remettez = la baguette.*	1.	2.
12. *Portez = vos armes.*	1.	3.

EXPLICATION DES MOUVEMENS.

avec le pouce alongé, le premier doigt ployé & les autres fermés ; la chasser avec force dans le canon, & la resaisir par le petit bout entre le pouce & le premier doigt, les autres doigts ployés comme ci-dessus ; le coude droit joint au corps.

Premier mouvement.

Chasser vivement la baguette à moitié hors du canon, descendre la main, le premier doigt contre le bout du canon, la main renversée le pouce en bas, le coude élevé à hauteur du poignet ; achever de la tirer en alongeant les doigts vers le petit bout & rester le bras tendu.

Second Mouvement.

La tourner comme il est explique au neuvieme temps, pour apporter le petit bout dans les tenons ; la faire glisser le long des tenons, & l'enfoncer tout de suite, en plaçant sur le gros bout la main un peu ployée.

Premier mouvement.

Élever l'arme le long du corps avec la main gauche, le petit doigt à hauteur de l'œil, le canon en dehors ; abaisser la main droite pour saisir l'arme à la poignée.

ÉNONCÉ des Commandemens	POUR exécuter. *Temps.*	POUR montrer. Mouvemens
Apprêtez = vos armes.	1.	2.

EXPLICATION DES MOUVEMENS.

Second mouvement.

Élever l'arme de la main droite ; lâcher alors la main gauche & la porter sous la crosse : rapportant le pied droit à côté du gauche & sur le même alignement ; appuyer l'arme avec la main droite contre l'épaule gauche. Dans la position indiquée pour le port d'armes, la main droite touchant l'arme à la poignée sans la tenir.

Troisieme mouvement.

Laisser tomber vivement la main droite le long de la cuisse.

L'expérience ayant prouvé que les trois rangs tirent debout à la guerre ; & l'intention de Sa Majesté étant de ne prescrire que ce qui peut s'exécuter devant l'ennemi, Elle ordonne que dans les feux, le premier rang ne mette jamais genou en terre, & que les trois rangs tirent debout & à la fois.

Le temps d'apprêter les armes se montrera aux trois rangs en deux mouvemens.

Position du premier rang.

Premier mouvement.

Comme le premier mouvement du premier temps de la charge.

ÉNONCÉ des Commandemens	POUR exécuter. *Temps.*	POUR montrer. *mouvemens*

EXPLICATION DES MOUVEMENS.

Second mouvement,

Apporter l'arme avec la main droite au milieu du corps ; placer la main gauche en frappant le petit doigt joignant le ressort de batterie, le pouce alongé le long du bois à hauteur du menton, la contreplatine tournée presque vers le corps, la baguette vers le front du bataillon ; porter en même temps le pouce de la main droite sur la tête du chien, le premier doigt au dessous & contre la sougarde les trois autres doigts joints au premier ; fermer vivement le coude droit en armant ; & saisir la poignée.

Position du deuxieme rang,

Premier mouvement.

Comme le premier mouvement du premier rang, excepté que le pied droit se portera sur la droite, à six pouces du gauche, & sur l'alignement du rang.

Second mouvement.

L'arme comme le premier rang.

Position du troisieme rang.

Premier mouvement.

Porter le pied gauche sur la gauche à dix

ÉNONCÉ des Commandemens.	POUR exécuter. *Temps.*	POUR montrer. *mouvemens*
En joue.	1.	1.
Feu......	1.	2.

EXPLICATION DES MOUVEMENS.

pouces du droit, & sur l'alignement du rang la pointe du pied un peu en dedans; tourner en même temps le corps en *demi à droite*, apporter le pied droit derrière le gauche, les pieds & l'arme placés comme le premier rang.

Second mouvement.

L'arme comme le premier rang.

Abaisser brusquement le bout du canon; glisser la main gauche le premier doigt en-deça & contre la première capucine; appuyer la crosse contre l'épaule droite les coudes abbatus, sans être serrés au corps; fermer l'œil gauche, diriger l'œil droit le long du canon, baisser la tête sur la crosse pour ajuster.

Le troisieme rang avancera en même temps le pied gauche à huit pouces, le genou un peu fléchi, & le corps fortement incliné en avant: dans les trois rangs, placer le premier doigt sur la détente.

Premier mouvement.

Appuyer avec force le premier doigt sur la détente, sans baisser davantage la tête, & rester dans cette position.

Second mouvement.

Retirer vivement l'arme pour prendre la

ÉNONCÉ des Commandemens.	POUR exécuter. *Temps.*	POUR montrer. *mouvemens*
Le chien = au repos.	1.	1.

EXPLICATION DES MOUVEMENS.

position de la fin du sixieme temps de sa charge, excepté que le pouce saisira la tête du chien avec le premier doigt ployé, & les autres doigts fermés pour le remettre au repos, & que le troisieme rang, en retirant l'arme, reculera en portant le pied droit à huit pouces en arrière de son alignement, le pied gauche suivant pour se trouver dans la position de la charge.

Relever le chien jusqu'au cran du repos; porter aussi-tôt la main à la giberne en la passant entre la crosse & le corps, & ouvrir la giberne.

Si, après avoir fait *feu*, on ne veut point faire *charger les armes*, on commandera aussi-tôt après, *portez=vos armes*. A la fin de ce commandement, le Soldat mettra le chien au repos, fermera le bassinet, & portera l'arme sans qu'il soit nécessaire d'exiger d'ensemble mais seulement la plus grande vivacité.

Les soldats du troisieme rang, en portant les armes, soit qu'ils aient chargé, soit qu'ils n'aient pas chargés, se reporteront sur l'alignement du troisieme rang; ils resteront cependant déboîtés, & ne se remettront à leur chef-de-file, qu'à la fin du roulement qui se fait pour la cessation des feux.

ÉNONCÉ des Commandemens.	POUR exécuter. *Temps.*	POUR montrer. *mouvemens*
Présentez = vos armes.	1.	2.

EXPLICATION

DES MOUVEMENS.

Dans les écoles de détail où il n'y a point de Tambour, on indiquera le roulement par le mot *roulement*, auquel on ajoutera un instant après celui de *fin de roulement*, que l'on ne dira cepandant qu'au moment où les armes seront portées sur l'épaule.

Premier mouvement.

Tourner la platine en dessus avec la main gauche ; saisir la poignée avec la main droite l'arme d'à-plomb, détachée de l'épaule, & la main gauche libre sous la crosse.

Second mouvement.

Achever de tourner l'arme avec la main droite pour l'apporter à-plomb vis-à-vis l'œil gauche, au milieu du corps, la baguette en avant, le chien à hauteur du dernier bouton de la veste, la main droite empoignant l'arme au-dessous & contre la sougarde ; l'empoigner en même temps brusquement avec la main gauche ; placer le petit doigt contre le ressort de batterie, le pouce alongé le long du canon contre la monture, l'avant-bras collé au corps sans être gêné ; rester *face en tête* sans bouger les pieds.

ÉNONCÉ des Commandemens.	POUR exécuter. *Temps.*	POUR montrer. *mouvemens*
Portez = vos armes.	1.	2.
1. *Garde = à vous.* 2. *Inspection = des armes.*	1.	1.

EXPLICATION DES MOUVEMENS.

Premier mouvement.

Tourner l'arme avec les deux mains, le canon en dehors; l'elever & la placer contre l'épaule gauche avec la main droite; descendre la main gauche sous la crosse, & la main droite libre contre la poignée.

Second mouvement.

Laisser tomber la main droite sur le côté.

ARTICLE 5.

Inspection des armes.

La position du Soldat reposé sur l'arme sera toujours la main basse, le canon entre le premier doigt & le pouce, ces deux doigts alongés le long de la monture, les trois autres doigts alongés & joints, le bout du canon à deux pouces de l'épaule, la baguette en avant le talon de la crosse contre & à côté de la pointe du pied droit.

Faire à *droite* & demi sur le talon gauche, en portant le pied droit à six pouces du gauche, perpendiculairement en arriere de l'alignement, le pied en équerre; saisir l'arme

ÉNONCÉ des Commandemens.	POUR exécuter. *Temps.*	POUR montrer *mouvemens*

EXPLICATION DES MOUVEMENS.

de la main gauche ; à hauteur du dernier bouton de la veste ; incliner le bout du canon en arriere, le talon de la crosse ne bougeant point, la baguette tournée vers le corps ; porter aussitôt, en écartant un peu l'arme du corps, la main droite à la baïonnette, en la saisissant par la douille & la branche, de maniere que l'extrémité de la douille dépasse le talon de la main d'un pouce, & qu'en la tirant le pouce s'alonge sur la lame ; l'arracher du fourreau, la porter & la placer au bout du canon, en rapprochant l'arme du corps ; saisir aussitôt la baguette entre le pouce & le premier doigt, & la tirer comme il est expliqué à la *charge en douze temps* ; la laisser glisser dans le canon, & faire face en tête aussitôt pour reprendre la même position.

Alors chaque Officier inspectera successivement l'arme du Soldat devant lequel il passera, il la prendra & la lui rendra après l'avoir examinée. Le Soldat ouvrira sa giberne avec la main droite à l'instant où l'Officier prendra son arme, & dès que l'Officier la lui aura rendue, il remettra de lui-même la baguette, en reprenant la position prescrite au commandement *inspection des armes* ; après quoi il se remettra face en tête.

ÉNONCÉ des Commandemens.	POUR exécuter. *Temps.*	POUR montrer. *mouvemens*
Baïonnette = au canon.	1.	1,
Baguette = dans le canon.	1.	1.
Portez = vos armes.	1.	2.

EXPLICATION DES MOUVEMENS.

Si on veut ſeulement faire mettre la baïonnette au canon, on commandera :

Mettre la baïonnette au bout du canon, & auſſitôt faire face en tête.

Si la baïonnette étant au canon, on veut faire mettre la baguette dans le canon pour faire l'inſpection des armes après avoir tiré, on commandera :

Mettre la baguette dans le canon, faire auſſitôt face en tête, & la remettre après que l'arme aura été examinée par l'Officier qui, ſans la reprendre, fera ſimplement rebondir la baguette dans le canon, en la ſaiſiſſant par le petit bout.

l'inſpection finie, on commandera :

Premier mouvement.

Elever l'arme de la main droite, en la portant contre l'épaule gauche ; la faiſant tourner pour que le canon ſe trouve en dehors ; placer en même temps la main gauche ſous la croſſe ; laiſſer la main droite libre ſans l'abaiſſer, & contre l'arme.

Second mouvement.

Laiſſer tomber la main droite à plat ſur le côté de la cuiſſe.

ÉNONCÉ des Commandemens.	POUR exécuter. *Temps.*	POUR montrer. *mouvemens.*
Reposez-vous = sur vos armes.	1.	2.
Vos armes = à terre.	1.	2.

EXPLICATION DES MOUVEMENS.

Lorsqu'on réunira les deux mouvements en un seul, il faut qu'en jetant l'arme sur l'épaule, la main droite tombe dans le rang presque en même temps que la crosse arrive dans la main gauche.

Premier mouvement.

Saisir l'arme avec la main droite au-dessus & contre la premiere capucine; lâcher de la main gauche, & porter vivement l'arme à droite, la crosse à trois pouces de terre, la baguette en dehors.

Second mouvement.

Laisser glisser l'arme dans la main pour prendre la position indiquée avant le premier commandement de l'inspection.

Premier mouvement.

Tourner l'arme de la main droite, la contre-platine en avant; saisir la bretelle de la giberne avec la main gauche; courber le corps brusquement; avancer le pied gauche, qui frappera naturellement; poser l'arme à terre avec la main droite, droit devant soi, le talon de la crosse restant toujours à hauteur de la pointe du pied droit, le jarret droit un peu

ÉNONCÉ des Commandemens.	POUR exécuter. Temps.	POUR montrer. mouvemens
Relevez = vos armes.	1.	2.
Portez = vos armes.	1.	2.
L'arme = au bras.	1.	3.

EXPLICATION DES MOUVEMENS.

ployé ; le talon droit élevé ; le talon gauche vis-à-vis la premiere capucine.

Second mouvement.

Se relever, rapporter le pied gauche à côté du droit ; laisser tomber les deux mains à plat sur le côté de la cuisse.

Premier mouvement.

Comme le premier mouvement de *vos armes à terre.*

Second mouvement.

Relever l'arme aussitôt que le pied gauche est arrivé à côté du droit ; tourner l'arme avec la main droite, la baguette en avant, la main gauche tombant pendante.

Premier & Second mouvement.

Comme ci-dessus.

Premier mouvement.

Empoigner brusquement l'arme quatre pouces au-dessous de la platine, sans tourner le fusil, & en l'élevant un peu.

Second mouvement.

Quitter la crosse de la main gauche ; pla-

ÉNONCÉ des Commandemens.	POUR exécuter. *Temps.*	POUR montrer. *mouvemens*
Portez = vos armes.	1.	3.
Remettez = la baïonnette.		3.

EXPLICATION DES MOUVEMENS.

cer l'avant-bras gauche étendu sur la poitrine, contre le chien, la main sur le teton droit.

Troisieme mouvement.

Laisser tomber la main droite à plat sur le côté de la cuisse.

Premier mouvement.

Porter brusquement la main droite à la poignée de l'arme.

Second mouvement.

Placer la main gauche brusquement sous la crosse, pour fixer l'arme dans la position ordinaire.

Troisieme mouvement.

Laisser tomber la main à plat sur le côté de la cuisse.

Premier mouvement.

Saisir l'arme avec la main droite au-dessus de la premiere capucine.

Second mouvement.

Descendre l'arme de la main droite, le long de la cuisse gauche ; la saisir de la main gauche au-dessus de la droite, pour prendre la position du septieme temps de la charge ; ôter la baïonnette avec la main droite ; détacher

ÉNONCÉ des Commandemens.	POUR exécuter. Temps.	POUR montrer. mouvemens
L'arme sous le bras = gauche.	1.	23.

l'arme

EXPLICATION DES MOUVEMENS.

l'arme du corps avec la main gauche ; remettre la baïonnette dans le fourreau, en baissant un peu la tête pour en voir l'entrée & la relever aussitôt ; la main droite restant près de la douille.

Troisieme mouvement.

Elever l'arme avec la main gauche ; la saisir à la poignée avec la main droite, & porter l'arme.

Premier mouvement.

Empoigner brusquement l'arme avec la main droite à la poignée ; la détacher en même temps de l'épaule, le canon en dehors ; la saisir de la main gauche à la capucine, le pouce alongé sur la baguette, l'arme à-plomb, vis-à-vis l'épaule gauche, la pointe de la crosse ne changeant point de place, le coude joint à l'arme, le pouce droit sur la contre-platine, & le premier doigt contre le chien.

Second mouvement.

Passer l'arme sous le bras gauche, sans changer la main gauche de place, le petit doigt appuyé à la hanche, la main droite tombant en même temps à plat sur le côté.

ÉNONCÉ des Commandemens.	POUR exécuter. *Temps.*	POUR montrer. *mouvemens*
Portez = vos armes.	1.	2.
Baïonnette = au canon.	1.	3.

EXPLICATION DES MOUVEMENS.

Premier mouvement.

Relever l'arme de la main gauche ; la saisir de la droite à la poignée pour l'appuyer contre l'épaule, la crosse placée à hauteur du port d'armes ; quitter l'arme de la main gauche, & la placer brusquement sous la crosse.

Second mouvement.

Laisser tomber la main droite pendante sur le côté.

Premier mouvement.

Comme le premier mouvement de *remettez* == *la baïonnette.*

Second mouvement.

Comme le second mouvement de remettre la baïonnette, excepté que la main gauche tenant l'arme écartée du corps, la main droite saisira la douille de la baïonnette pour la mettre brusquement au bout du canon ; la main gauche rapprochera en même temps l'arme du corps, & la main droite restera placée à la branche de la baïonnette.

Troisieme mouvement.

Porter l'arme comme il est expliqué à *douzieme temps de la charge.*

Attentions que doit avoir l'Instructeur, en montrant le maniement des armes.

Exécuter lui-même chaque mouvement qu'il montre, afin de joindre l'exemple au précepte.

Aussitôt que les hommes de recrue sauront les mouvements d'un temps, leur montrer le temps en l'exécutant lui-même devant eux, sans s'arrêter sur les mouvements; leur faire recommencer les mouvements s'ils n'en ont pas bien saisi l'exécution; faire conserver la position du corps & de la tête; exiger la plus grande vivacité dans l'exécution, immobilité après chaque mouvement ou chaque temps, précision dans les positions; avoir attention que les bras seuls agissent, que l'arme passe toujours le plus près possible du corps; montrer à chaque homme la position de trois *rangs* pour l'exécution des *feux*.

Il aura principalement attention de montrer les tems l'un après l'autre selon l'ordre dans lequel ils sont perscrits.

Aussitôt que l'homme de recrue connoîtra le mécanisme de la charge en douze temps, on lui fera habituellement porter dans sa giberne au moins six cartouches de sable & à balles, afin qu'il acquiere l'usage de tirer la cartouche de la giberne, de la déchirer, d'amorcer, de renverser la poudre dans le canon, & d'y faire entrer le papier, la balle & bourrer; on en fera également usage dans la charge précipitée & dans la charge à volonté, qui va être prescrite ci-après, & chaque homme de recrue doit être amené au point de charger & de tirer à volonté trois coups au moins par minute, & le quatrieme chargé, l'arme sur l'épaule.

On placera dans la giberne les cartouches renversées, la balle en haut, afin que le Soldat puisse les prendre & les porter tout de suite à la bouche sans être obligé de les retourner dans la main.

Les armes seront déchargées chaque jour en présence des bas-Officiers de la chambrée, qui en même temps reprendront les balles; les bas-Officiers chargés des recrues, les recevront par compte, & les remettront de même par compte au Sergent-major.

ARTICLE 6.

Réunion de trois files pour la Charge précipitée.

On réunira trois files que l'on exercera à la charge précipitée, qui sera divisée en quatre temps principaux.

Charge précipitée.

Avertissement.

1. *Chargez = vos armes.*

Exécuter le premier temps *de la charge*, découvrir le bassinet, prendre la cartouche, la déchirer & amorcer.

2. Fermer le bassinet, passer l'arme à gauche mettre la cartouche dans le canon.

3. Tirer la baguette, la mettre dans le canon & bourrer.

4. Sortir la baguette, la remettre, & porter l'arme.

On montrera ensuite la *charge à volonté*, qui s'exécutera comme la *charge précipitée*, mais sans s'arrêter sur les quatre temps marqués; on fera l'avertissement, *charge précipitée*, ou *charge à volonté*.

On montrera ensuite l'exécution des *feux*.

Commandements pour les feux.

1. *Bataillon ou demi-rang.*
2. *armes.*
3. *Joue.*
4. *Feu.*

Ces commandements s'exécuteront comme il est prescrit au *Titre XIV*, *articles* 3 & 4.

Lorsqu'on fera tirer les recrues à poudre, on les accoutumera en mettant le chien au repos, à observer si la fumée sort par la lumiere, ce qui est une indication sûre que le coup est parti, & qu'ils peuvent charger leurs armes.

Mouvemens de conversion par files.

1. *A droite* ou *à gauche.*
2. *Par files à droite* ou *à gauche.*
3. *Marche.*

Au premier commandement, on fera *à droite* ou *à gauche.*

Le Deuxieme commandement ne servira que d'avertissement.

Au troisieme commandement, les files feront un mouvement de conversion au pas, & dans la direction qu'indiquera le bas-Officier, qui dans tous les mouvemens de conversion par files, conduira toujours l'homme de la droite ou de la gauche du premier rang, suivant le flanc par lequel on marchera, en se plaçant à côté de lui.

Lorsqu'on marchera par le flanc droit, les deux derniers rangs auront la tête à gauche, lorsqu'on marchera par le flanc gauche, ils auront la tête à droite.

On leur montrera à ouvrir & serrer les rangs] comme il sera prescrit au *Titre VI, article premier.*

On mettra les trois files sur un rang pour leur donner les principes d'alignemens & de conversion.

Commandemens pour l'alignement.

Alignement.

On s'alignera du côté vers lequel on aura la tête tournée.

A droite = alignement.

Si on a la tête à gauche, on la tournera vivement à droite, & on s'alignera à droite.

A gauche = alignement.

Ayant la tête à droite, on la tournera brusquement à gauche, & on s'alignera à gauche.

Sur le centre = alignement.

On tournera la tête vers le centre, & on s'y alignera.

Principes d'alignement de pied-ferme.

Conserver la position du corps & de la tête, telle qu'elle a été donnée dans la premiere Instruction, joindre l'homme qui est à côté de soi, en ayant la plus grande attention à ne pas le serrer; s'aligner à lui de maniere à découvrir la superficie de la poitrine du Soldat dont on est séparé; prendre l'alignement successivement d'homme à homme, avec la plus grande vivacité.

Principes généraux des mouvemens de conversion.

Les mouvemens de conversion s'exécuteront toujours au pas de manœuvre; mais dans les premieres leçons on en montrera les principes au pas ordinaire.

Aussitôt que le mouvement de conversion sera achevé, on fera le commandement *halte*, & aussitôt après, celui *à gauche = alignement*, ou *alignement;* on fera le commandement *en avant = marche*, pour reprendre le pas ordinaire.

Commandemens pour les mouvemens de conversion.

Par peloton ou section, { 1. *A droite* ou *à gauche*,

2. *Marche.*

3. *Halte.*

4. *Alignement*, ou *à gauche = alignement.*

Au second commandement, prendre le pas de manœuvre; tournez bruſquement les têtes vers l'aile qui marche, que conduira le bas Officier, en suivre tous les mouvemens pour conserver l'alignement; céder aux mouvemens qui viendront du pivot, résister aux mouvemens qui viendront de l'aile marchante, sans cependant quitter le coude du côté du pivot. L'homme du pivot ne fera que tourner sur le talon gauche avec la tête vers l'aile marchante, pour ne tourner qu'à proportion du reste du rang; l'homme de l'aile marchante tournera la tête du côté du pivot.

Au troisieme commandement, arrêter & tourner la tête *à droite*.

Au quatrième, s'aligner *à droite* ou *à gauche*, suivant le commandement.

Dans les Ecoles d'instruction, on fera tourner long-temps sur le même pivot, pour bien faire connoître au Soldat les attentions particulieres qu'exige le mouvement de conversion.

Lorsqu'il y aura plusieurs files instruites, on réunira celles des différentes compagnies pour en former des pelotons; l'Officier chargé de veiller à l'instruction, les exercera lui-même, ou les fera exercer par un des Officiers attachés aux recrues.

On attachera à ces pelotons, que l'on divisera autant que leur force le permettra, en deux sections, le nombre d'Officiers & bas Officiers nécessaire pour les conduire, pris parmi ceux qui ne seront point indispensablement employés à l'instruction des hommes moins avancés.

On leur fera exécuter alors tout ce qui va être prescrit au *Titre VII* de l'Intruction des compagnies.

On pourra réunir deux de ces pelotons, mais jamais un plus grand nombre.

ARTICLE 7.

De l'Ecole des Tambours.

Le Tambour-major sera chargé de l'instruction des Tambours, & en sera responsable au Commandant du corps & à l'Officier supérieur commandant chaque bataillon.

Le plus ancien Tambour de chaque bataillon, répondra de ceux de son bataillon, si les bataillons sont séparés.

Cette instruction doit embrasser la

tenue, la marche & la maniere dont les Tambours doivent battre toutes les batteries réglées en 1754 pour l'Infanterie Françoiſe, & les réglemens particuliers envoyés aux régimens étrangers.

L'uſage des batteries eſt prohibé dans les Ecoles d'inſtruction & dans les manœuvres, on ne s'en ſervira même dans la marche en bataille que pour battre la charge, & lorſque cela ſera expreſſément ordonné.

TITRE IV.

De la formation.

ARTICLE PREMIER.

Formation des Régimens en bataille.

LES bataillons ſeront rangés dans l'ordre ci-après, de la droite à la gauche.

Premier.

Deuxième.

Ils ſeront toujours ſur trois rangs.

L'intervalle entre les bataillons ſera de ſix toiſes, & ne ſera augmenté que dans le cas où on placeroit plus de deux pieces de canon dans l'intervalle.

La diſtance entre les rangs ſera d'un pied, meſuré de la poitrine de l'homme du ſecond & du troiſieme rang, au dos de ſon chef-de-file.

Les files ſeront jointes bras à bras ſans être gênées.

La baïonnette ſera toujours au bout du canon.

ARTICLE 2.

Subdiviſion du bataillon.

Un bataillon.

Deux demi-rangs.

Quatre Compagnies appellées Diviſions.

Le demi-rang de droite ſera compoſé dans le premier bataillon, en commençant par la droite de la compagnie du premier factionnaire appellée *premiere diviſion*, & de la compagnie Colonelle appellée *ſeconde diviſion*.

Le demi-rang de gauche, en commençant par la droite de ce demi-rang, sera composé de la compagnie du troisieme factionnaire appellée *troisième division*, & de la compagnie du cinquieme factionnaire appellée *quatrieme division*

Dans le second bataillon, le demi-rang de droite sera composé en commençant par la droite, de la compagnie du second factionnaire appellée *premiere division*, & de la compagnie du quatrieme factionnaire appellée *seconde division*.

Le demi-rang de gauche sera composé en commençant à compter par la droite de ce demi-rang, de la compagnie Lieutenante-colonelle appellée *troisieme division*, & de la compagnie du sixieme factionnaire appellée *quatrieme division*.

ARTICLE 3.

Formation des compagnies de Grenadiers, des compagnies de Chasseurs & des compagnies de Fusiliers.

LA compagnie de Grenadiers, la compagnie de Chasseurs, & toutes les compagnies de Fusiliers seront chacune formées par rang de taille de droite à gauche.

Le tiers formé des plus grands hommes dans chaque compagnie, composera le premier rang, le tiers composé des plus petits, formera le deuxieme rang, l'autre tiers formera le troisieme.

Les Caporaux de Grenadiers, de Chasseurs & de Fusiliers, à l'exception de ceux qui seront employés ci-après, seront également formés par rang de taille entr'eux; mais ils seront placés aux droites & aux gauches des sections, & de préférence aux premier & troisieme rangs.

Chaque compagnie de Grenadiers, de Chasseurs & de Fusiliers, formera deux pelotons & quatre sections.

Les pelotons dans chaque compagnie, seront désignés en commençant par la droite, par premier & second pelotons, & les sections seront désignées dans chaque compagnie, en commençant à compter par la droite par 1re. 2e. 3e. & 4e. sections.

La compagnie de Grenadiers sera placée à la droite du premier bataillon, mais ne fera point nombre dans les quatre divisions du bataillon.

La compagnie de Chasseurs sera placée à la gauche du second bataillon & ne fera point nombre dans les quatre divisions de ce bataillon.

Article 4.

Places des Officiers & bas Officiers dans la compagnie de Grenadiers.

Le Capitaine-commandant à la droite du premier rang du premier peloton, ayant derriere lui au troisieme rang le premier Sergent.

Le Capitaine en second, à la droite du second peloton, ayant derriere lui au troisieme rang le second Sergent.

Officiers & bas Officiers de Serre-file, à deux pas du dernier rang.

Premiere section.

Le premier Sous-lieutenant derriere

la droite de la premiere section.

Le Sergent-major derriere la gauche.

Seconde Section.

Le troisieme Sergent derriere la droite.

Un Caporal derriere le centre.

Le premier Lieutenant derriere la gauche.

Troisieme section.

Le second Sous-lieutenant derriere la droite.

Un Caporal derrière la gauche.

Quatrieme section.

Le quatrieme Sergent derriere la droite.

Un Caporal derriere le centre.

Le second Lieutenant derriere la gauche.

ARTICLE 5.

Place des Officiers & bas Officiers dans la compagnie de Chasseurs.

Le Capitaine-commandant à la droite du premier rang du premier peloton de sa compagnie, ayant derriere lui au troisieme rang le premier Sergent.

Le Capitaine en second à la droite du second peloton, ayant derriere lui au troisieme rang le second Sergent.

Le second Lieutenant à la gauche du premier rang du second peloton, ayant derriere lui au troisieme rang un Caporal.

Officiers & bas Officiers de Serre-file, à deux pas du dernier rang.

Premiere section.

Le premier Sous-lieutenant derriere la droite.

Le Sergent-major derriere la gauche

Seconde Section.

Le troisieme Sergent derriere la droite, un Caporal derriere le centre.

Le premier Lieutenant derriere la gauche.

Troisieme section.

Le second Lieutenant derriere la droite.

Le quatrieme Sergent derriere la gauche.

Quatrieme Section.

Le cinquieme Sergent derriere la droite.

Un Caporal derriere le centre.

Un autre Caporal derriere la gauche.

ARTICLE 6.

Place des Officiers & des bas Officiers dans les compagnies de Fusiliers.

Le Capitaine-commandant à la droite du premier rang du premier peloton de sa compagnie ou division, ayant derriere lui au troisieme rang le second Sergent.

Le Capitaine en second à la droite du premier rang du second peloton, ayant derriere lui au troisieme rang le troisieme Sergent.

Officiers & bas Officiers de Serre-file, à deux pas du dernier rang.

Premiere Section.

Le premier Sous-lieutenant derriere la droite.

Le Sergent-major derriere la gauche.

Seconde Section.

Le quatrieme Sergent derriere la droite.

Un Caporal derriere le centre.

Le premier Lieutenant derriere la gauche.

Troisieme Section.

Le second Sous-lieutenant derriere la droite.

Un Caporal derriere la gauche.

Quatrieme Section.

Le cinquieme Sergent derriere la droite, un Caporal derriere le centre.

Le second Lieutenant derriere la gauche.

Dans la compagnie ou division de la gauche du premier bataillon, il y aura de moins en serre-file le second Lieutenant & le Caporal serre-file du centre de la seconde section, qui se placeront, le second Lieutenant à la gauche du premier rang du bataillon, & le Caporal à la gauche du troisieme.

On ſuivroit la même regle dans la quatrieme diviſion du ſecond bataillon, ſi la compagnie de Chaſſeurs ſe trouvoit détachée.

ARTICLE 7.

Compoſition du peloton deſtiné à la garde du Drapeau.

Chaque drapeau aura pour ſa garde dans chaque bataillon, le premier Sergent de chacune des quatre compagnies de Fuſiliers, & les deux plus anciens Caporaux de chacune de ces mêmes compagnies.

Le Cadet-gentilhomme de chaque compagnie de Fuſiliers, pourra cependant ſuppléer le ſecond Caporal, lorſque le Commandant du régiment le jugera ſuffiſamment inſtruit.

Le Cadet-gentilhomme attaché à la compagnie de Grenadiers, & celui qui ſera attaché à la compagnie de Chaſſeurs, ne quitteront jamais leur compagnie.

Le premier rang du peloton du drapeau, ſera compoſé du Porte-drapeau & de trois Sergens : le ſecond & le troiſieme rang, ſeront compoſés chacun de quatre Caporaux.

Lorſqu'un ou pluſieurs Cadets-gentilshommes ſeront employés à la garde du drapeau, ils ſeront placés à la droite & à la gauche du ſecond & du troiſieme rang : le Sergent de la compagnie Colonelle dans le premier bataillon : le Sergent de la compagnie Lieutenante-colonelle dans le ſecond, ſeront placés en ſerre-file derriere la file du drapeau.

ARTICLE 8.

Poſition du peloton du Drapeau.

Le peloton deſtiné à la garde du drapeau blanc, ſera placé à la gauche, & faiſant partie de la troiſieme ſection de la compagnie Colonelle ou ſeconde diviſion du premier bataillon, & le Porte-drapeau au premier rang de la ſeconde file, en commençant à compter par la droite.

Le peloton destiné à la garde du drapeau du second bataillon, sera placé à la droite, & faisant partie de la seconde section de la compagnie Lieutenante-colonelle, & le Porte-drapeau sera placé au premier rang de la troisieme file de ce peloton, en commençant à compter par la droite.

Afin que la compagnie Colonelle & la compagnie Lieutenante-colonelle ne soient pas composées d'un plus grand nombre de files que les autres divisions, les quatre files excédant seront réparties dans la totalité du bataillon, ainsi qu'il sera détaillé au *Titre V*, *article premier*.

ARTICLE 9.

Place des Officiers superieurs.

Le Colonel-commandant à cheval, à vingt pas derriere le centre du régiment, pour se porter par-tout où sa présence sera nécessaire.

Le Colonel en second à pied, six pas en avant du centre du premier bataillon,

taillon, lorsque le bataillon sera de pied-ferme, & à deux pas en avant du drapeau en marchant en bataille.

Le Lieutenant-colonel à pied, six pas en avant du centre du second bataillon, lorsque le bataillon sera de pied-ferme, & à deux pas en avant du drapeau, en marchant en bataille.

Ils monteront à cheval dans les évolutions, & toutes les fois que le bataillon sera en colonne.

Le Major à cheval, à la gauche du Colonel-commandant ou du Commandant du régiment.

Place de l'Adjudant.

L'Adjudant se tiendra à portée du Colonel-commandant, ou du Commandant du régiment pour recevoir ses ordres.

ARTICLE 10.

Remplacemens des Officiers.

Dans chaque bataillon, le remplacement se fera de grade à grade, de maniere que si le Colonel en second se

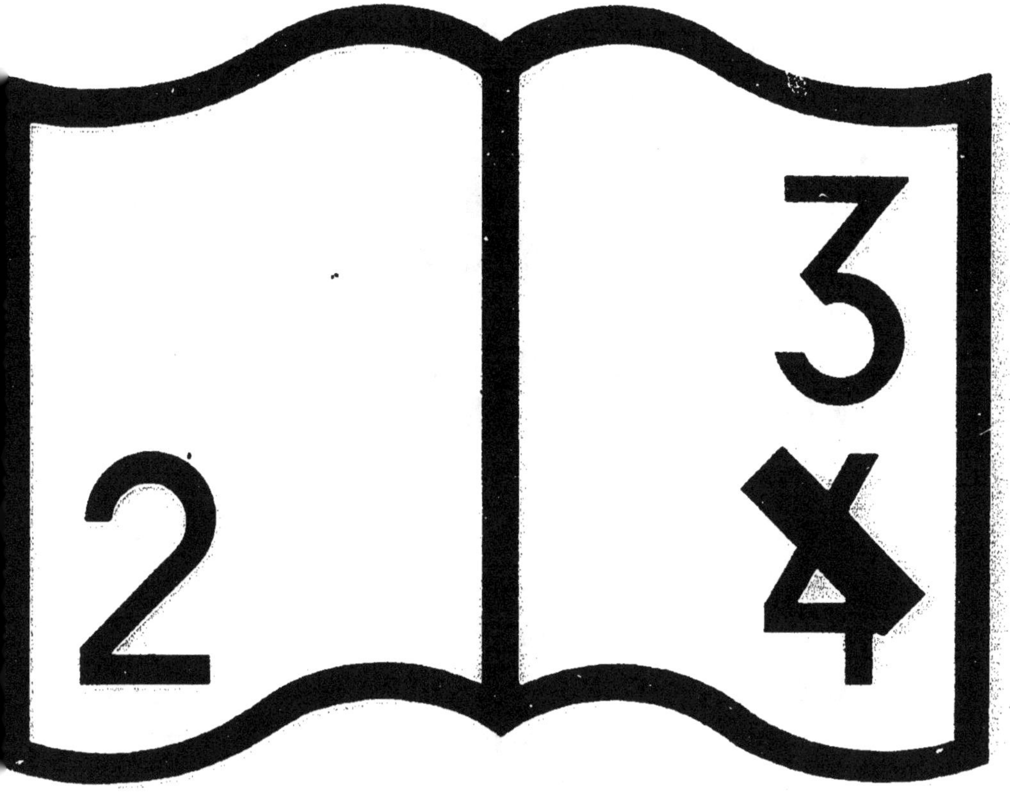

Pagination incorrecte — date incorrecte

NF Z 43-120-12

trouvoit absent, ou commander le régiment, le plus ancien Capitaine du premier bataillon en prendroit le commandement; ainsi de suite jusqu'au dernier remplacement, tant des Officiers que des bas-Officiers, qui se fera seulement dans chaque compagnie.

Le plus ancien Capitaine du second bataillon prendra de même le commandement de ce bataillon en l'absence du Lieutenant-colonel.

Le Capitaine de Grenadiers & le Capitaine de Chasseurs, prendront à leur tour d'ancienneté, le commandement du bataillon auquel ils sont attachés, lorsque leur compagnie sera au bataillon; mais toutes les fois que leur compagnie sera détachée, ils quitteront le commandement du bataillon pour suivre la destination de leur compagnie.

Le Major ne prendra le commandement d'un bataillon que par l'ordre particulier du Commandant du régiment.

Il prendra le commandement du régiment en l'absence du Colonel-commandant, du Colonel en second & du Lieutenant-colonel.

ARTICLE II.

Place des Tambours.

Les Tambours seront placés sur deux rangs; à quinze pas des Serre-files, derriere la seconde section de la seconde division, dans le premier bataillon.

Derriere la troisieme section de la troisieme division; dans le second bataillon.

La Musique sera sur la droite des Tambours du premier bataillon, auquel sera attaché le Tambour-major.

TITRE V.

De la Marche des Compagnies au lieu d'assemblée de leur bataillon, & du détachement pour aller chercher les Drapeaux.

ARTICLE PREMIER.

De l'Assemblée des compagnies au quartier.

LOrsque toute la garnison d'une Place ou d'un Quartier, devra prendre les armes, tous les Tambours battront *la générale*; mais s'il n'y a qu'un régiment ou qu'un bataillon qui doive prendre les armes, les Tambours du régiment ou du bataillon rappelleront devant leur quartier.

A ce signal, chaque bas Officier fera sortir le plus promptement possible, & dans le plus grand silence, les Soldats de sa chambrée, qu'il conduira au rendez-vous de sa compagnie, où ſe trouveront le Sergent-major, & les autres Sergens pour former la compagnie à rangs ouverts, & ſuivant leur rang de taille.

Le contrôle par rang de taille, ſera fait tous les trois mois, afin que chaque Soldat ſache la place qu'il doit occuper dans ſa compagnie, & qu'il puiſſe venir au premier inſtant dans ſon rang & dans ſa file.

Les Officiers ſe trouveront en même temps au rendez-vous de leur compagnie.

Le Capitaine-commandant, après s'être fait rendre compte s'il n'y manque perſonne, en fera l'inſpection & ſe fera aider, s'il le juge à propos, par le Lieutenant & le Sous-lieutenant de ſon premier peloton, & par le Capitaine en ſecond, le Lieutenant & le Sous-lieutenant dans le ſecond peloton de ſa compagnie, qui ſe chargeront chacun d'un rang, pour examiner s'il ne manque rien à l'habillement, à l'armement & à l'équipement.

S'ils trouvent quelque chose qui ne soit pas en ordre, ils puniront, en en rendant compte sur le champ au Capitaine-commandant, les bas Officiers qui doivent répondre à toute heure des escouades qui leur sont confiées, & en avoir fait l'inspection dans les chambrées.

Si, l'inspection finie, le Capitaine s'apercevoit que les Officiers eussent négligé de lui rendre compte de ce qu'ils auroient trouvé de répréhensible dans leur inspection, il les puniroit & en rendroit compte, en même temps que de son inspection, à l'Officier supérieur de son bataillon & au Major.

L'inspection étant faite, le Capitaine-commandant fera porter les armes, fera serrer les rangs, fera porter l'arme au bras, comptera les files, divisera sa compagnie en deux pelotons & quatre sections, distribuera ses Officiers & bas Officiers, en se conformant au *Titre IV, articles 4, 5 ou 6, de la formation*, il parcourra l'étendue de sa compagnie, pour connoître le nombre de pas qu'elle contient de front, & la conduira ensuite au rendez-vous du bataillon, en la faisant rompre par sections, par peloton, ou en marchant par le front de la compagnie entiere, suivant le terrein par lequel elle devra passer, suivant le côté vers lequel se trouvera le lieu du rendez-vous du bataillon.

La compagnie marchera en se conformant à ce qui est prescrit au *Titre IX, de la marche en colonne.*

Le premier Sergent & les deux Caporaux, ou le premier Caporal & le Cadet-gentilhomme, destinés à la garde du drapeau, se placeront à la file gauche de la quatrieme section.

Lorsque la compagnie approchera du lieu de l'assemblée de son bataillon, les bas Officiers destinés à la garde du drapeau, iront se placer derriere la compagnie Colonelle ou Lieutenante-colonelle, & y attendront que la division du bataillon soit faite, pour prendre leur place dans la ſection dont ils devront faire partie.

Le Capitaine-commandant conduira ſa compagnie & la formera à rangs ſerrés ſur le terrein qu'elle devra occuper. En arrêtant ſur l'alignement du bataillon, la compagnie portera les armes.

La compagnie alignée, le Capitaine-commandant lui fera porter l'arme au bras.

Auſſitôt que les compagnies ſeront arrivées au lieu de l'aſſemblée du babataillon, chaque Capitaine-commandant ira rendre compte de ſon inſpection, & du nombre de files qu'il aura ſous les armes, à l'Officier ſupérieur de ſon bataillon, qui devra ſe trouver, ainſi que le Major, au moment de l'arrivée des compagnies.

Cet officier ſupérieur ordonnera, en conſéquence du compte qui lui ſera rendu, de la force des compagnies, de quel nombre de files devra être compoſée chaque diviſion, en obſervant, pour qu'elles ſoient égales, autant qu'il ſera poſſible, d'ajouter au nombre de la totalité des files du bataillon, les quatre files de Sergens & de Caporaux deſtinés à la garde du drapeau.

Auſſitôt que la force de chaque diviſion aura été déterminée, le Capitaine-commandant de la premiere diviſion, comptera promptement, par la droite, le nombre de files dont ſa diviſion devra être compoſée, ce qui ſera continué par chaque Capitaine-commandant, juſqu'à la gauche du bataillon.

Chaque Capitaine-commandant diviſera ſa diviſion en deux pelotons & quatre ſections, en commençant à compter par la droite, de maniere que chaque Soldat ſache de quelle diviſion, de quel peloton, de quelle ſection il fait partie, & quel eſt le numéro de ſa file, en comptant de la droite de ſa ſection.

Le Capitaine fera auſſi la diſtribution des Officiers & bas Officiers, en se conformant à ce qui a été prescrit au *Titre IV, articles 3, 4, 5 ou 6, de la formation.*

Le Commandant du régiment se trouvera au lieu de l'assemblée, & à l'arrivée des compagnies, pour y recevoir le compte que lui rendront les Officiers supérieurs de chaque bataillon & le Major. Il fera ou fera faire par l'Officier supérieur de chaque bataillon, une inspection générale, s'il le juge à propos; dans ce cas, l'Officier supérieur fera ouvrir les rangs à chaque bataillon, en se conformant à ce qui est prescrit au *Titre VI, article premier.*

Le Capitaine-commandant de chaque compagnie ou division, accompagnera l'Officier supérieur à mesure qu'il passera dans les rangs de sa compagnie.

Si l'Officier supérieur, en faisant son inspection, s'apercevoit que le Capitaine-commandant eût négligé de lui rendre compte de ce qu'il auroit trouvé de répréhensible dans son inspection, il le puniroit & en rendroit compte en même temps que de son inspection au Colonel-commandant, ou au Commandant du régiment.

ARTICLE 2.

Du détachement qui devra aller chercher les Drapeaux.

Lorsque les compagnies se mettront en marche pour se rendre au lieu d'assemblée de leur bataillon, on ira chercher les drapeaux.

Composition du détachement qui devra aller chercher les Drapeaux.

Le Tambour-major, la Musique, la moitié des Tambours.

Un peloton de Grenadiers, ou un peloton de Chasseurs, ou en cas que ces compagnies fussent détachées, un peloton de Fusiliers à tour de rôle.

Les deux Porte-drapeaux.

ARTICLE 3.

Disposition du détachement pour aller chercher les Drapeaux.

Le peloton de Grenadiers, de Chasseurs ou de Fusiliers, rompus par section.

Le Capitaine-commandant ou le Capitaine en second à la tête, deux pas en avant, les autres Officiers ou les bas Officiers à leur poste ordinaire.

Les Porte-drapeaux, à côté l'un de l'autre, entre les deux sections.

Deux pas en avant du Capitaine, les Tambours sur un rang.

Deux pas en avant des Tambours, la Musique sur un rang.

Deux pas en avant de la Musique, le Tambour-major.

ARTICLE 4.

Marche du Détachement.

Le détachement marchera dans cet ordre, au commandement du Chef, l'arme au bras, sans bruit de caisse ni de musique.

Arrivé

Arrivé au lieu où seront les drapeaux, le détachement arrêtera & portera les armes en faisant *halte*.

La Musique se placera sur la droite, les Tambours sur la gauche de la porte d'entrée.

Le Commandant du détachement le formera en bataille vis-à-vis la porte.

Le Lieutenant du détachement, les Porte-drapeaux & deux Sergens iront chercher les drapeaux.

Lorsqu'ensuite les Porte-drapeaux sortiront avec les drapeaux, suivis par le Lieutenant & les deux Sergens, ils s'arrêteront en dehors de la porte vis-à-vis le détachement, auquel le Commandant du détachement fera présenter les armes; en même temps les Tambours ou la Musique battront ou joueront *le drapeau*.

Le Commandant du détachement fera ensuite cesser de battre, fera porter les armes & fera rompre le détachement par section.

Les Porte-drapeaux iront se placer

dans l'intervalle des deux ſections.

Le Tambour-major, la Muſique & les Tambours iront reprendre leur place à la tête du détachement : le Commandant du détachement commandera *en avant* = *marche*. A ce commandement, les Tambours battront *au drapeau* juſqu'au lieu où ſera aſſemblé le régiment ou le bataillon.

ARTICLE 5.

De l'arrivée des Drapeaux à la tête du Régiment.

A l'arrivée des drapeaux, les bataillons étant à rangs ſerrés, l'Officier ſupérieur de chaque bataillon fera porter les armes.

Lorſque les drapeaux ne ſeront plus qu'à vingt pas de la droite ou de la gauche de la troupe, ſelon le côté par lequel ils viendront, l'Officier ſupérieur commandera :

Préſentez = *vos armes.*

Le bataillon préſentera les armes.

Les Porte-drapeaux fileront enſuite

ſeuls devant le front du bataillon à huit pas du premier rang.

A meſure que les drapeaux paſſeront devant le centre de leur bataillon, ils s'arrêteront, lui feront face, ils ſeront ſalués par l'Officier ſupérieur du bataillon.

Le Porte-drapeau ira auſſitôt après prendre au centre du bataillon la place qui lui a été aſſignée *au Titre de la formation.*

Le peloton de Grenadiers, de Chaſſeurs ou de Fuſiliers qui aura eſcorté les drapeaux, ira promptement prendre ſon poſte dans ſon bataillon, en paſſant derriere la troupe.

A meſure que chaque drapeau ſera placé à ſon bataillon, le Commandant du bataillon fera le commandement :

Portez = vos armes.

Le bataillon portera les armes.

Les Porte-drapeaux porteront alors le drapeau au bras droit.

Lorſque le régiment ſera en marche

pour rentrer dans son quartier, les drapeaux seront reconduits dans le même ordre & avec la même escorte qui les aura conduits au régiment. Les bas Officiers de la garde du drapeau ne rentreront à leur compagnie qu'à l'instant où les compagnies se diviseroient si elles logeoient dans des quartiers différents ; ils resteront au contraire à la division à laquelle est attachée la garde du drapeau jusqu'à ce que le bataillon soit arrivé, si le bataillon est logé dans le même quartier.

TITRE VI.

Manœuvres de détail.

ARTICLE PREMIER.

Ouvrir & serrer les rangs de pied-ferme.

LA distance des rangs ouverts de pied-ferme sera de quatre pas.

Lorsqu'un régiment étant en bataille

ſur trois rangs ſerrés, on voudra les faire ouvrir, on commandera :

1. *En arriere = ouvrez vos rangs.*

2. *Marche.*

Au premier commandement, l'homme de la droite & de la gauche du ſecond & du troiſieme rang de toute troupe réunie juſqu'à un bataillon incluſivement, reculera, l'un à quatre pas, l'autre à huit pas de deux pieds, pour régler la diſtance des rangs.

Au ſecond commandement, le premier rang ne bougera pas, le deuxieme & le troiſieme ſe reculeront bruſquement & ſans compter les pas pour s'aligner ſur l'homme placé à la droite de leur rang.

Pour ſerrer les rangs, on commandera :

1 *Serrez vos rangs.*

2 *Marche.*

Au ſecond commandement, le premier rang ne bougera pas, & les deux derniers ſerreront bruſquement ſur le premier.

Soit en ouvrant les rangs, ſoit en les ſerrant, tous les Officiers & les bas Officiers ſuivront toujours le mouvement de la troupe.

ARTICLE 2.

De la contremarche.

Elle s'exécutera au plus, par division, toujours par la droite, au pas de manœuvre & en passant derriere le troisieme rang.

On commandera :

1 *Contre-marche.*

2 *à droite.*

3. *Marche.*

Au premier commandement, le Serre-file le plus près de la gauche se placera à côté de l'homme de la gauche du dernier rang, pour marquer la place que doit venir occuper l'homme de droite du premier.

Au second commandement, tout sera *à droite.*

Au troisieme commandement, la premiére file devenue rang, fera *la demi-conversion à droite*, toutes les autres viendront passer sur le terrein qu'occupoit la première.

La droite étant arrivée au point qu'occupoit la gauche, marquée par le Serre-file, on commandera *halte*, *front alignement* ou *à gauche alignement*, pour faire face par le premier rang, & le Serre-file retournera à sa place.

ARTICLE 3.

Rompre & former la division & le peloton en marchant.

Pour rompre la division, le Capitaine-commandant commandera:

1 *En avant, rompez la division;*

2 *Marche.*

Au premier commandement, le chef du second peloton se portera au centre de son peloton, & le chef de la division qui étoit au centre de la division, au centre du premier peloton.

Au deuxieme commandement, le deuxieme peloton, marquera le pas pour se déboîter, le premier marchera obliquement à gauche pour passer devant le deuxieme qui marchera obliquement à droite au commandement:

Oblique à droite=marche.

de son chef, pour se mettre derriere le premier; les files des ailes étant dans la même direction, le chef de chaque peloton commandera:

En avant=marche.

Pour former la division, on commandera:

1 Formez la division.
2 Marche.

Au second commandement, qui sera répété par le chef du second peloton, le premier peloton marchera obliquement à droite, le second obliquement à gauche.

Dès que le second sera près d'être démasqué par le premier, le chef du premier peloton commandera :

En avant = marche,

en même-temps que le chef du second peloton commandera à son peloton,

Pas de manœuvre = marche,

pour le porter à côté du premier & en reprendre le pas au commandement,

Pas ordinaire = marche,

que lui fera son chef, qui en même-temps se replacera à la droite de son premier rang, & le chef de la division au centre de la division.

Les chefs de peloton auront attention en faisant leurs commandemens, soit pour rompre, soit pour former les divisions, que les commandemens d'avertissement soient prononcés assez à temps pour que les commandemens *Marche*, qui déterminent l'exécution, soient faits précisément à l'instant où ils doivent être exécutés.

Pour rompre le peloton, on commandera :

1 *En avant, rompez le peloton.*

2 *Marche.*

Au premier commandement, l'Officier de serre-file, le plus près de la gauche de la deuxième section, passera en avant d'elle pour la conduire; les deux sections se conformeront à ce qui vient d'être prescrit ci-dessus pour le premier & le deuxieme peloton en rompant la division.

Pour former le peloton, on commandera :

1 *Formez le peloton.*

2 *Marche.*

Les deux sections exécuteront ce qui vient d'être prescrit pour le premier & le deuxiéme peloton, en formant la division.

L'Officier de serre-file qui aura commandé la seconde des deux sections, retournera à sa place après avoir fait son dernier commandement.

Dans ces exemples, on suppose une division ou peloton faisant partie d'une colonne qui a sa droite en tête.

Une division ou peloton faisant partie d'une colonne qui auroit sa gauche en tête, exécuteroit les mêmes mouvemens, mais en rompant la division ou le peloton, le premier peloton ou la premiere des deux sections doubleroient derriere le second peloton ou la seconde des deux sections, & en formant la division ou le peloton, le premier peloton ou la premiere des deux sections seroient démasqués par le deuxieme peloton, ou par la seconde des deux sections.

TITRE VII.

Instruction particuliere des compagnies.

ARTICLE PREMIER.

Des Commandemens.

ON accoutumera les Officiers de tous les grades à n'avoir qu'un ton de commandement pour toutes les circonstances, & ce ton sera de toute l'étendue de la voix.

Cette regle ne souffrira d'exception que dans les écoles particulieres, où les Officiers & bas Officiers qui seront employés à former un petit nombre d'hommes à la fois, proportionneront l'élévation de leur voix dans le commandement, au petit nombre d'hommes qu'ils auront à instruire, en observant cependant de se conformer d'ailleurs à ce qui va être prescrit ci-après pour les commandemens.

Tous les commandemens d'avertissement ou d'exécution qui, par la quantité de mots dont ils seront composés, ne permettront pas qu'on puisse les prononcer de suite, seront coupés en deux ou trois parties suivant leur longueur; on prononcera distinctement toutes les syllabes de la premiere ou des deux premieres parties; mais on prononcera d'un ton ferme, bref & élevé, la derniere syllabe de tous les avertissemens ou commandemens.

ARTICLE 2.

Devoirs du Capitaine.

La force de l'Infanterie ne pouvant exister que par l'exactitude de chaque Officier, bas Officier ou Soldat, soit dans sa position, soit dans la célérité de l'alignement, soit dans l'ensemble & la régularité de la marche, soit dans la vitesse de la charge, soit dans la vivacité & la justesse du feu; enfin par le silence, l'attention & la plus prompte obéissance; le Commandant de compagnie ne souffrira dans ses Officiers, bas Officiers & Soldats, nulle négligence sur aucune de ces parties essentielles.

Sa Majesté convaincue encore que c'est moins par la multiplicité des exercices, que par l'exactitude de la discipline, que ses Troupes peuvent ajouter à la supériorité de courage, la supériorité dans les évolutions; elle ordonne que les plus petites fautes sous les armes ne restent point impunies, & que le

Capitaine-commandant ſoit perſonnellement reſponſable de celles qu'il auroit négligé de punir.

Les Officiers ſupérieurs ſeront préſens à l'exercice des compagnies.

Le Capitaine-commandant répondra perſonnellement de l'inſtruction de ſa compagnie ; il l'exercera lui-même en totalité, ou en fera exercer ſéparement devant lui les ſubdiviſions, par les Officiers de ſa compagnie, ſuivant l'ordre qui en aura été donné par le Commandant du régiment, ou en ſon abſence par l'Officier ſupérieur.

Tout Officier, de quelque grade qu'il puiſſe être, qui ne ſera pas en état d'inſtruire & de commander ſa troupe, ſera remplacé par celui qui le ſuivra immédiatement, & gardera le ſilence juſqu'à ce que, après avoir été inſtruit de nouveau à l'école des recrues où il ſera renvoyé, l'Officier ſupérieur de ſon bataillon, ſur le compte qu'il en rendra au Commandant du régiment, l'ait rétabli dans ſes fonctions.

Dans le cas où un Officier renvoyé à l'école des recrues, se trouveroit plus ancien que celui qui commanderoit cette école, le Commandant du régiment y fera trouver un Officier qui par son grade ou son ancienneté soit dans le cas de le commander.

ARTICLE 3.

De l'alignement, de la charge & des feux.

Si la compagnie doit exercer sans poudre, chaque homme aura dans sa giberne, six cartouches de sable & à balles, que le Commandant de la compagnie fera employer, ainsi qu'il est prescrit au *Titre III, article* 5, *de l'instruction des recrues*, soit dans la charge en douze temps, soit dans la charge précipitée, soit dans la charge à volonté, soit en faisant le simulacre des feux.

Si la compagnie doit exercer à poudre, on ne portera point de cartouches de sable.

La compagnie étant arrivée sur le terrein où elle devra exercer, le Capitaine-commandant fera ouvrir les rangs, comme il est dit au *Titre VI, article premier.*

Le Capitaine-commandant nommera deux de ses Officiers pour veiller sur le deuxieme & le troisieme rang, & en rectifier l'alignement; ils auront attention de se placer toujours du côté où le Soldat aura la tête tournée.

On exercera les Soldats à s'aligner très-promptement, & pour cet effet on changera la direction des premieres files du premier rang.

On alignera les deuxieme & troisieme rangs paralellement au premier.

Après avoir pris quelques alignemens, pour voir les Soldats plus en détail, on pourra faire présenter les armes, se reposer dessus, les poser à terre, les relever, les porter, ôter la baïonnette, passer l'arme sous le bras gauche, porter les armes & remettre la baïonnette au bout du canon.

On fera ſerrer les rangs & exécuter la charge en douze temps, la charge précipitée, & la charge à volonté, ainſi que les feux.

Attentions du Commandant de compagnie en exerçant de pied-ferme.

Le Commandant de compagnie obſervera que le Soldat prenne ſon alignement avec la plus grande vivacité, qu'il joigne bras à bras l'homme qui eſt à côté de lui, ſans le gêner, qu'il conſerve exactement la poſition qui lui aura été donnée dans ſa premiere inſtruction.

Dans la charge en douze temps, il examinera ſcrupuleuſement le Soldat, ſur les poſitions, ſur la vivacité de l'exécution de chaque temps, & ſur l'immobilité après chaque temps.

Dans la charge précipitée il examinera le Soldat ſur la poſition des quatre temps principaux.

Dans la charge à volonté il fera exercer avec les recrues le Soldat qui, faute d'instruction finiroit habituellement le dernier, ou qui ne chargeroit pas son arme exactement; il en ordonnera au contraire sur le champ la punition si c'est par négligence ou par mauvaise volonté.

Le Capitaine fera exécuter par commandement le feu de bataillon & de demi-rang, la compagnie représentera alors le bataillon, & le peloton le demi-rang; dans ces feux, il examinera l'emboîtement, mettra entre le commandement *armes*, & le commandement *joue*, le temps suffisant pour que le Soldat ait armé; obligera le Soldat à viser en couchant en joue, & à ne regarder que l'objet qui se trouvera au bout de son canon, & qu'il devra choisir à hauteur d'homme.

Il fera souvent le commandement, *retirez = vos armes*, sans avertissement, & après avoir commandé *joue*, le commandement *feu*, aussi sans avertissement, examinant ou faisant examiner par les serre-files si le chien est abattu après ce commandement, ou si le Soldat a tiré lorsqu'on aura fait celui, *retirez=vos armes*. Après s'être assuré par l'exécution des feux commandés, de l'exactitude des positions, il fera exécuter le feu des files prescrit au *Titre XIV*, comme le feu qu'on emploiera le plus ordinairement.

Dans tous les exercices de détail, les chiens seront garnis en bois.

Si après avoir exercé en détail par compagnie, les compagnies ou le régiment doivent exercer à poudre, les chiens ne seront armés de pierres que lorsque le détail sera fini.

Lorsque les chiens seront armés de pierres, on aura soin que les angles en soient arrondis.

Tous ces objets feront partie de l'inspection que le Commandant doit faire de sa troupe avant de sortir du quartier.

En ramenant sa Compagnie au quartier, le Commandant fera également l'inspection pour retirer les cartouches qui n'auront pas été employées.

Le bas Officier de chaque chambrée fera décharger les armes, & retirera les balles si on a exercé avec des cartouches de sables à balles.

Les balles doivent être soigneusement retirées & confiées au soin du Sergent-major, qui repondra personnellement de leur conservation.

Il les distribuera par compte & se les fera remettre de même à la fin de chaque exercice, par le bas Officier de chaque chambrée ou par le bas Officier attaché aux recrues, lorsqu'il en aura distribué pour cet objet. Le Commandant & les Officiers de chaque compagnie surveilleront le Sergent-major sur cet article essentiel.

ARTICLE 4.

De la Marche.

Dans la marche en avant, les compagnies qui doivent être divisions de droite dans le bataillon, tourneront la tête à gauche, les compagnies qui doivent être divisions de gauche, auront la tête à droite; elles obſerveront l'inverſe lorſqu'elles marcheront par le dernier rang.

Le Capitaine-commandant nommera un Officier ou un bas Officier, pour remplir à la droite ou à la gauche de la diviſion ſuivant que les têtes devront être tournées à droite ou à gauche, les mêmes fonctions que remplit le drapeau au centre du bataillon dans la marche en bataille.

Cet Officier ou bas Officier en aura un autre derriere lui pour le remplacer au premier rang lorſqu'au commandement *en avant*, il ſe portera en avant pour marquer le pas; cet Officier ou bas Officier qui figurera le drapeau ſe placera à quatre pas ſeulement en avant du premier rang.

Le Commandant indiquera à l'Officier ou bas Officier qui marchera en avant, le point de vue qui devra ſervir de direction dans la marche, celui qui marchera derriere lui aura attention que le point de vue lui ſoit toujours caché.

L'Officier ou bas Officier qui marchera en avant, choisira entre le point indiqué & lui-même, des points intermédiaires pour marcher droit.

Au commandement, *marche*, la division se portera en avant, en tournant la tête à gauche si elle fait partie du demi-rang de droite du bataillon, & en se conformant exactement à la direction & à l'alignement du bas Officier qui sera à l'aile de la division.

Attentions du Capitaine-commandant dans la Marche en avant.

Le Capitaine-commandant doit avoir attention que le point de vue qu'il aura indiqué, soit continuellement observé :

Que la totalité du rang pousse le corps en avant; que les épaules ne tournent ni à droite ni à gauche; que les files soient jointes Bras-à-bras, & sans être gênées; que les derniers rangs conservent toujours la distance d'un pied qui doit les séparer de leur chef-de-file; que le pas soit constamment de la longueur & de la vîtesse ordonnées.

Si dans un terrein difficile, le Soldat perd le pas, il doit le reprendre ſur le champ, & ne point perdre de vue celui qui le marque.

Le Capitaine-commandant doit ſe porter par-tout, & de préférence du côté où ſa diviſion aura la tête tournée, il marquera le pas lui-même de temps en temps.

Il fera reſter ſa troupe en mouvement ſans avancer, par le commandement, *marquez le pas*, il lui commandera enſuite, *en avant=marche*, pour la faire marcher en avant.

Il fera quelquefois raccourcir ou ralentir le pas, plus ſouvent alonger ou preſſer, afin d'accoutumer le Soldat à ſe conformer avec la plus grande exactitude à la vîteſſe de celui qui marque le pas.

Il ne ſouffrira aucune négligence, ordonnera ſur le champ la punition de tout homme inattentif; il exercera ſa troupe dans toute eſpece de terrein.

Il remédiera aux plus petits défauts dans l'alignement, & fera tous ſes commandemens d'un ton ferme, bref, & de toute l'étendue de sa voix.

Attentions dans la Marche oblique.

Il déterminera lui-même l'obliquité de la marche, exigera que la division entiere appuie en même temps à droite ou à gauche, que les épaules restent carrément.

Il prendra garde, sur-tout, que l'épaule opposée au côté (vers lequel on appuie), n'avance hors du rang, que les files restent jointes bras à bras, mais sans être gênées du côté de l'alignement.

Il fera quitter le point de vue dès que la marche oblique commencera & en indiquera un autre dès qu'il fera le commandement *en avant = marche.*

Il fera marcher tous les différens pas, ainsi qu'il a été prescrit au *Titre III, art. 2 & 3 de l'instruction des recrues.*

Attentions de la Marche de flanc.

Il observera qu'elle s'exécute au pas ordinaire & au pas de manœuvre, que toutes les files partent en même temps, en poussant le corps en avant au commandement *marche*, & que chaque homme conserve toujours cette impulsion; il ne souffrira point d'alongement entre les files. Il observera que le premier homme du flanc par lequel on marchera, Fusilier, bas Officier ou Officier, soit toujours conduit par le chef de la subdivision, qui se placera au côté gauche de ce premier homme si on marche par le flanc droit, au côté droit de ce premier homme, si on marche par le flanc gauche.

Il fera marcher alternativement par le flanc droit & par le flanc gauche.

Attentions dans les mouvemens de conversion par files.

Il observera que la premiere file suive exactement l'Officier placé à côté d'elle, que chaque file tourne sans arrêter.

Il fera exécuter à la division le passage de l'obstacle, en se conformant, pour

pour les commandemens & l'exécution, à ce qui sera prescrit au *Titre XI, articles* 8, *de la marche en bataille.*

Après avoir fait marcher sa division en bataille par le premier & par le dernier rang, il la fera rompre par peloton ou par section, & marcher en colonne ; reformer en bataille, rompre & former les pelotons, rompre & former la division ; étant en colonne par sections, serrer à demi-distance, serrer en masse & déployer. Enfin il exercera sa division à tout ce qu'elle devra exécuter dans le bataillon, en se conformant, ainsi que ses Officiers, pour les Commandemens & l'exécution, à tout ce qui est ou sera prescrit ci-après aux Titres *des manœuvres de détail, des manœuvres & des feux.*

TITRE VIII.

Des différentes manieres de rompre le Régiment.

ARTICLE PREMIER.

Régle générale pour les commandemens d'une ligne en bataille.

SI plusieurs régimens exercent ou manœuvrent ensemble, le Commandant en chef, ou celui qu'il aura particuliérement chargé de ses ordres, fera à l'Officier superieur attaché au bataillon le plus près de lui, les avertissemens & les commandemens d'exécution de tous les mouvemens, l'Officier supérieur de chaque bataillon de la ligne les répéterá sans retard.

Le Colonel-commandant ou le Commandant de chaque régiment, ne répétera ni les avertissemens, ni les commandemens d'exécution qui doivent passer directement du Commandant en chef, à l'Officier ſupérieur commandant chaque bataillon.

Si c'eſt un régiment qui exerce ſeul, le Colonel-commandant ou le Commandant du régiment fera ſans pouvoir s'en diſpenſer, tous les avertiſſemens & les commandemens d'exécutions, qui ſeront de même répétés par les Officiers ſupérieurs de chaque bataillon, auſſi promptement que s'ils devoient exécuter eux-mêmes le commandement du Commandant en chef, ou celui du Comdant du régiment.

Soit que pluſieurs régimens exercent enſemble, ſoit qu'un régiment exerce ſeul, le Colonel-commandant ou le Commandant de chaque régiment, ainſi que le Major, veilleront ſur l'exécution des mouvemens ordonnés, & ſe porteront dans toute l'étendue du régiment, par-tout où leur préſence pourra être néceſſaire.

Le Major & l'Adjudant ſe tiendront cependant toujours le plus à portée qu'il ſera poſſible du Colonel-commandant ou du Commandant du régiment, pour recevoir & porter ſes ordres.

Toutes les fois que le commandement général ne pourra être entendu par la totalité d'une ligne, les Officiers ſupérieurs de chaque bataillon ſe conformeront le plus promptement qu'il ſera poſſible, aux mouvemens qu'ils verront exécuter à leur droite ou à leur gauche, ſuivant le point d'où partira le mouvement.

ARTICLE 2.

Des différentes manieres de rompre.

On ſe rompra toujours au pas de manœuvre, & toujours par le premier rang.

On ſe rompra par diviſion, par peloton ou par ſection.

On ſe rompra cependant plus habituellement par peloton, quelquefois par diviſion, & par ſection dans les cas de néceſſité.

On rompra à droite pour marcher par la droite, on rompra à gauche pour marcher par la gauche.

Rompre à droite ou à gauche.

Commandemens.

Par division *Par peloton*= ou *Par section*	{	1. *à droite.* ou *à gauche.*

2. *Marche.*

3. *Halte.*

4. *A gauche*=*aligne-ment*, ou *alignement.*

Le premier commandement sera répété par l'Officier superieur commandant chaque bataillon, & à ce commandement, le Capitaine-commandant, si on rompt par division, se portera brusquement deux pas en avant du centre de sa division.

Si on rompt par peloton, le Capitaine commandant & le Capitaine en second se porteront chacun deux pas en avant du centre de leur peloton.

Si on rompt par section, le Capitaine-commandant se portera deux pas en avant du centre de la premiere section.

Le Lieutenant de serre-file, placé derriere la gauche de la seconde section, se portera deux pas en avant du centre de la seconde section, en passant par la file d'Officiers qui se trouvera le plus près de sa gauche

Le Capitaine en second se portera deux pas en avant du centre de la troisieme section.

Le Lieutenant de serre-file de ce peloton, placé derriere la gauche de la quatrieme section, se portera deux pas en avant du centre de la quatrieme section, passant de même par la file d'Officiers qui se trouvera le plus près de sa gauche.

Ce qui s'exécutera sans exception dans toutes les circonstances où l'on rompra par division, par peloton ou par section.

Chacun des Capitaines-commandans ou Capitaines en second, sera remplacé au premier rang, par le bas officier qui est derriere eux au troisieme, avec cette différence, que lorsqu'on rompra par section, le bas Officier qui est derriere chaque Capitaine-commandant ou Capitaine en ſecond, ne le remplacera au premier rang, qu'après que le Lieutenant aura paſſé par cette ſile, pour aller ſe mettre à la tête de la deuxieme & de la quatrieme ſection, & qu'au premier commandement, il ſe reculera derriere la ſile de Soldats qu'il aura à ſa gauche, pour laiſſer paſſer le Lieutenant.

Le ſecond commandement ſera répété par l'Officier ſupérieur commandant chaque bataillon.

A ce commandement, chacune des ſubdiviſions par laquelle on devra ſe rompre, fera, au pas de manœuvre, un mouvement de converſion à droite ou à gauche.

Le chef de chaque diviſion fera face à ſa troupe, un peu avant que le mouvement de converſion puiſſe être achevé, pour juger de l'inſtant ou la ſubdiviſion ſera perpendiculairement ſur le terrein qu'elle occupoit en bataille : il fera alors le troiſieme commandement *halte*, & auſſi-tôt après, toujours faiſant face à ſa troupe, & même en ſe portant rapidement à la droite ou à la gauche de ſa ſubdiviſion s'il eſt néceſſaire, pour veiller à la prompte exécution du commandement qui va ſuivre: il fera le quatrieme commandement *à gauche*= *alignement* ſi on a rompu à droite, *alignement* ſi l'on a rompu à gauche.

Après avoir vu l'exécution de ces deux commandemens, il fera face en tête au centre de ſa diviſion (qu'il regagnera promptement s'il s'étoit porté à l'aile.) Ces mouvemens de l'Officier pour faire face à ſa troupe, ou pour faire face en tête après avoir vu aligner ſa troupe, ne doivent point s'exécuter réguliérement par des *demi-tour à droite*, il ſuffit qu'ils s'exécutent avec la plus grande vivacité.

Si on a rompu à droite, le ſerre-file le plus près de la gauche de chacune des ſubdiviſions de la colonne, ſe placera auſſitôt après le commandement *halte*, à la gauche du premier rang de chaque ſubdiviſion.

Dans les pelotons où le Lieutenant est à la gauche, il y restera, & le bas Officier qui est derriere lui passera en serre-file, à moins qu'on n'eût rompu par section, auquel cas le bas Officier marcheroit à la gauche du premier rang.

Si on a rompu à gauche, le bas Officier de remplacement se trouvera placé à la droite du premier rang de chaque peloton ou de chaque division.

Mais si on avoit rompu à gauche & par section, le serre-file le plus près de la droite de chaque seconde & de chaque quatrieme section se placeroit, au troisieme commandement *halte*, à la droite du premier rang de chacune de ces deux sections.

Si la colonne doit marcher pour se prolonger sur le même alignement, elle se mettra en mouvement, en se conformant, pour les commandemens d'avertissemens & d'exécution, à ce qui sera prescrit ci-après, au *Titre IX, de la marche des colonnes.*

Les compagnies, les pelotons & les

ſections de Grenadiers étant moins fortes que les autres, gagneront en rompant à droite, & en faiſant marcher leur pivot, le terrein néceſſaire pour donner à la diviſion qui les ſuit, ſon intervalle. Au commandement *halte, à gauche=alignement*, le Capitaine-commandant, ſi le bataillon a rompu par diviſion; le Capitaine-commandant, le Capitaine en ſecond, ſi on a rompu par peloton; le commandant de chaque ſection, ſi on a rompu par ſection, rectifieront leur file gauche ſur les ſubdiviſions de la colonne.

Si on a rompu à gauche, la compagnie, les pelotons ou les ſections de Grenadiers, gagneront de même en avant, en faiſant marcher leur pivot, aſſez de terrein pour être juſte à leur diſtance, & leur file droite ſera de même rectifiée par leur chef ſur l'alignement en file des files droites de la colonne, au commandement *alte, alignement*.

Sans cette attention, ces compagnies,

après avoir rompu, retarderoient l'ébranlement de la colonne, obligeroient à marquer le pas, toutes les subdivisions qui se trouveroient après les Grenadiers, ce qui est essentiellement contraire aux principes de la marche des colonnes qui doivent se mettre en marche toutes entieres à la fois, depuis la tête jusqu'à la queue.

ARTICLE 3.

Marcher en colonne perpendiculairement en avant du front que la ligne occupoit en bataille.

Si un ou plusieurs régimens étant en bataille, on veut les faire marcher perpendiculairement en avant de la ligne qu'ils occupoient en bataille, & si chaque bataillon, chaque régiment ou chaque brigade doit former sa colonne, le Commandant en chef commencera par faire rompre la totalité de la ligne par division; peloton ou section à droite ou à gauche, suivant que ces colonnes devront avoir la droite ou la gauche en tête, en se conformant à ce qui vient d'être prescrit ci-dessus.

La ligne étant rompue par division, par peloton ou par section, le Commandant en chef commandera :

Par bataillon,
Par régiment
ou
Par brigade.
1. *En avant, en colonne.*

2. *Marche.*

Au premier commandement, l'Officier supérieur commandant chaque bataillon, chaque régiment ou chaque brigade, qui à l'instant où on rompra à droite ou à gauche, devra toujours se porter à la tête de son bataillon, de son régiment ou de sa brigade, indiquera à l'Officier ou au bas Officier placé à l'aile gauche ou à l'aile droite de la subdivision qui devra former la tête de chaque colonne, le point sur lequel il devra se diriger en avant du front que la ligne occupoit en bataille.

Au second commandement, *marche*, qui seroit précédé de l'avertissement, *pas de manœuvre* ou *pas de route*, si on devoit marcher l'un de ces deux pas, la totalité de chaque colonne se mettra en marche pour suivre la subdivision de la tête de la colonne.

Le

Le bas Officier placé à l'aile de cette subdivision, se dirigera dès son premier pas sur le point qui lui aura été indiqué en avant du front que la ligne occupoit en bataille, par l'Officier supérieur commandant chaque bataillon, chaque régiment ou chaque brigade, en se conformant, ainsi que toutes les autres subdivisions de la colonne, à ce qui sera prescrit ci-après au *Titre IX, article 1, de la marche des colonnes.*

Si la ligne doit former autant de colonnes qu'il y a de bataillons; l'Officier supérieur commandant chaque bataillon, sera chargé de la conduite de son bataillon.

Si la ligne doit former autant de colonnes qu'il y a de régimens, le Colonel-commandant ou le Commandant de chaque régiment fera dans chaque colonne, aussi-tôt qu'elle sera détachée de l'ensemble de la ligne, les fonctions de Commandant en chef.

Si la ligne doit former autant de colonnes qu'il y a de brigades, l'Officier supérieur commandant chaque brigade, fera dans chaque colonne, aussi-tôt qu'elle sera détachée de l'ensemble de la ligne, les fonctions de Commandant en chef. Tous ses commandemens passeront alors directement à l'Officier supérieur de chaque bataillon dans sa colonne.

Cette regle s'étendra également sur toutes les colonnes qui seront composées d'un nombre plus considérable de bataillons, de maniere que chaque colonne soit toujours conduite & commandée par un Commandant en chef.

ARTICLE 4.

Marcher en colonne diagonalement en avant du front que la ligne occupoit en bataille.

Si chacune de ces colonnes, au lieu de devoir marcher perpendiculairement en avant du front que la ligne occupoit en bataille, devoit marcher diagonalement, le Commandant en chef après avoir fait rompre la ligne à droite ou à gauche, commanderoit :

Par bataillon, *Par régiment* ou *Par brigade.*	*en avant,* *diagonalement,* *en colonne.*

Ce qui s'exécuteroit ainsi qu'il vient d'être prescrit ci-dessus, excepté que l'Officier supérieur commandant chaque colonne, en dirigeroit la tête diagonalement, au lieu de la diriger perpendiculairement.

Le Serre-file ou le bas Officier placé à l'aile, au lieu de tourner tout-à-fait à gauche si on a rompu à droite, ou de tourner tout-à-fait à droite si on a rompu à gauche, se dirigera dans la premiere supposition en demi à gauche, dans la seconde en demi à droite.

ARTICLE 5.

Marcher en colonne perpendiculairement en arriere du front que la ligne occupoit en bataille.

Si chacune de ces colonnes, au lieu de devoir marcher en avant du front qu'elles occupoient en bataille, devoit marcher perpendiculairement en arriere du front que la ligne occupoit en bataille, le Commandant en chef après avoir fait rompre à droite ou à gauche, commanderoit :

Par bataillon, *Par régiment* ou *Par brigade.*	*En arriere, en colonne.*

Ce qui s'exécuteroit ainsi qu'il vient d'être prescrit ci-dessus, excepté que l'Officier supérieur commandant chaque bataillon, chaque régiment ou chaque brigade, indiqueroit au bas Officier de chaque subdivision qui devroit avoir la tête de chaque colonne, le point en arriere du front que la ligne occupoit en bataille, vers lequel la tête de la colonne devroit se diriger.

Ce mouvement serviroit dans le cas où on voudroit prendre en arriere du front primitif, une position qui feroit face au côté opposé à celui où on avoit son front.

Il faut obſerver qu'en marchant ainſi en arriere, les bataillons dans les régimens, ou les régimens dans les brigades, ou les brigades dans la ligne, ſeroient invertis, quoique chaque bataillon fût cependant dans ſon ordre ordinaire, ſuivant que les colonnes ſeroient compoſées d'un bataillon, d'un régiment ou d'une brigade.

Cette inverſion qu'on pourra ſe permettre dans tous les cas de néceſſité, pourvu que chaque bataillon reſte toujours invariablement dans ſon ordre de formation de la droite à la gauche, ſe corrigera, en ſe mettant en bataille: juſques & compris l'inverſion des bataillons dans les régimens, ſi on marche en colonne par régiment: juſques & compris l'inverſion des régimens dans les brigades, ſi on marche en colonne par brigade; en ſe conformant en raiſon de l'ordre dans lequel ſeront les bataillons dans les régimens ou les régimens dans les brigades, à ce qui ſera preſcrit ci-après au *Titre X, des différentes manieres de se mettre en bataille.*

Si au contraire après avoir marché ainsi en arriere, les colonnes devoient se reporter en avant, faisant face à leur premier front, on exécuteroit la contre-marche dans chaque subdivision de chaque colonne : le Commandant en chef commanderoit :

Contre - marche.

A ce commandement, répété par chaque Officier supérieur de bataillon, les chefs de subdivision feront les commandemens *à droite*, *marche*, & les feront exécuter ainsi qu'il est prescrit *au Tit. VI, art. 1, des manœuvres de détail.*

ARTICLE 6.

Marcher en colonne diagonalement en arriere du front que la ligne occupoit en bataille.

Si chacune de ses colonnes devoit se diriger en arriere du front que la ligne occupoit en bataille, mais diagonalement, le Commandant en chef, après avoir fait rompre à droite ou à gauche, commanderoit :

Par bataillon,		*En arriere,*
Par régiment ou	}	*Diagonalement,*
Par brigade.		*En colonne.*

Ce qui s'éxécuteroit comme il vient d'être prescrit à l'*article précédent*, excepté que l'Officier supérieur commandant chaque bataillon, chaque régiment ou chaque brigade, dirigeroit la tête de sa colonne diagonalement en arriere du front que la ligne occupoit en bataille.

Si la ligne avoit rompu à droite, le serre-file placé à l'aile gauche de la subdivision de la tête de la colonne, se dirigeroit en *demi à droite* en arriere; si la ligne avoit rompu à gauche, le bas Officier placé à l'aile droite se dirigeroit en *demi à gauche* en arriere du front que la ligne occupoit en bataille.

Dans toutes ces différentes ſuppoſitions, toutes les diviſions de chaque colonne viendront ſucceſſivement, & l'une après l'autre, tourner au même point & ſur le même terrein ſur lequel aura tourné la ſubdiviſion de la tête.

Ces quatre différentes manieres de diviſer une ligne en pluſieurs colonnes, étant la baſe de tous les mouvemens, il eſt eſſentiel d'obſerver que le commandement *en avant* détermine toujours, que la tête de chaque colonne doit ſe ſéparer de la colonne principale en appuyant ſur le côté qui ſerviroit de pivot, pour ſe remettre en bataille du côté de l'aile gauche ſi on a rompu à droite, du côté de l'aile droite ſi on a rompu à gauche.

Le commandement *en arriere* exprime toujours que la tête de chaque colonne doit ſe ſéparer de la colonne principale, en appuyant ſur le côté opposé à celui qui ſerviroit de pivot pour ſe remettre en bataille, par conſéquent du côté de l'aile droite ſi on a rompu à droite, du côté de l'aile gauche ſi on a rompu à gauche.

ARTICLE 7.

Rompre par la droite pour marcher vers la gauche, ou *rompre par la gauche pour marcher vers la droite.*

Lorſqu'un régiment étant en bataille devra rompre par la droite pour marcher vers la gauche, ou rompre par la gauche pour marcher vers la droite, le Commandant en chef ſe portera ou enverra ſes ordres à l'aile droite ou à l'aile gauche pour faire commencer le mouvement.

Auſſitôt que l'ordre aura été donné au Commandant de la ſubdiviſion de l'aile; ſi c'eſt par l'aile droite, le Commandant de la ſubdiviſion, en ſe portant en avant du centre de ſa ſubdiviſion, commandera *tête=à gauche*, puis *marche*; ſi c'eſt par l'aile gauche, il commandera ſeulement *marche*; il la conduira enſuite au pas qui aura été indiqué jusque sur le terrein où elle devra tourner.

Le chef de chacune des autres subdivisions de la ligne fera exécuter successivement à sa subdivision, ce qui vient d'être prescrit pour la premiere subdivision, & commandera *marche* lorsque dans la subdivision qui précédera la sienne, le pied droit posera à terre.

Chacun de ces chefs aura attention de faire arriver sa subdivision au point où elle devra tourner, à l'instant où la subdivision qui devra précéder la sienne dans la colonne, aura dépassé ce terrein d'un nombre de pas égal à l'étendue de son front.

La premiere subdivision, ainsi que que toutes les autres, se conformera à ce qui sera prescrit ci-après au *Titre IX, de la marche des colonnes*, excepté que chaque subdivision ne se mettra en marche que successivement.

Le Commandant de chaque subdivision se mettra au centre de sa subdivision, à l'instant où la subdivision qui devra précéder la sienne, sera détachée du bataillon.

Si plusieurs bataillons étant en bataille, doivent former une seule colonne par la droite ou par la gauche, l'Officier supérieur commandant chaque bataillon pourra, lorsque la ligne aura été rompue, & lorsque le terrein sera libre, diriger la tête de son bataillon, diagonalement pour aller, par le plus court chemin, prendre rang dans la colonne dont ce bataillon devra faire partie; mais chaque subdivision de ce bataillon ira cependant tourner sur le même terrein d'où sera partie la subdivision de la tête du bataillon.

TITRE IX.

de la Marche des colonnes.

ARTICLE PREMIER.

Des Commandemens dans les colonnes, avec distance entiére entre les subdivisions.

TOutes les fois qu'un ou plusieurs bataillons seront en colonnes par division, par peloton ou par section, avec distance entiére ou avec demi-distance, les chefs de chacune de ces subdivisions répeteront, ainsi que l'Officier supérieur commandant chaque bataillon, & tous en même temps, les commandemens *marche*, *halte*, & sans exception tous les commandemens d'exécution du Commandant en chef.

L'Officier superieur de chaque bataillon, répetera seul tous les commandements d'avertissement du Commandant en chef.

Les chefs de chacune des subdivisions de la colonne ; exécuteront & répeteront les commandemens d'exécution du Commandant en chef à l'instant même où ils leur parviendront, soit par le Commandant en chef, soit par l'Officier supérieur de leur bataillon, soit par les autres chefs de divisions, pelotons ou sections de la colonne, & se conformeront, le plus promptement possible, au mouvement qu'ils verront faire à leur droite ou à leur gauche, en avant ou en arrière, suivant le point d'où partira le mouvement ordonné.

Pour que les commandemens se communiquent avec plus de rapidité & d'ensemble, de la tête à la queue de la colonne, le Commandant en chef, les Officiers supérieurs, & les chefs de chacune des subdivisions de la colonne, auront attention de les prononcer d'un ton ferme, bref, & de la plus grande étendue de leur voix.

Au commandement *marche*, fait à une colonne, les chefs de chacune des ſubdiviſions de la colonne l'exécuteront & le répèteront tous en même temps ainſi qu'il vient d'être expliqué, & ils veilleront à ce que leur ſubdiviſion l'exécute avec la même exactitude & à leur commandement, afin que l'ébranlement de toute la colonne, depuis la tête juſqu'à la queue, étant le moins ſucceſſif qu'il ſera poſſible, la colonne ne s'alonge pas.

Le commandement *halte*, ſera répété de même avec la plus grande rapidité & exécuté à l'inſtant même par le chef de chaque ſubdiviſion, ainſi que par ſa ſubdiviſion à ſon commandement, ſans pouvoir avancer ni reculer d'un pas, afin que la tête & la queue de la colonne s'arrêtent, autant qu'il ſera poſſible, en même temps, & afin auſſi que les Officiers s'accoutumant à la continuelle obſervation de leur diſtance, ſans augmentation ni diminution, l'Officier ſupérieur de chaque bataillon puiſſe juger, & reprendre ou punir, ceux qui auroient apporté quelque négligence dans cette partie essentielle de leurs devoirs.

Aussitôt que le Commandant de chaque subdivision aura commandé *halte*, il fera le commandement *à gauche*=*alignement* si la droite est en tête, ou celui *alignement* si la gauche est en tête en faisant face à sa troupe, & en se portant même, s'il est nécessaire, rapidement à la droite ou à la gauche de sa subdivision, du côté vers lequel le Soldat devra avoir la tête tournée, afin de veiller sur la prompte exécution de ce dernier commandement.

Aussitôt que sa troupe sera alignée, il fera brusquement *face en tête* au centre de sa subdivision.

Si la colonne doit marcher le pas ordinaire, ou le pas de manœuvre, elle marchera le même pas, les rangs serrés & alignés, les files jointes bras à bras, mais sans être gênées.

La colonne marchera d'abord les armes portées; mais après les vingt premiers pas, l'Officier supérieur commandant chaque bataillon fera porter l'arme au bras; ce qui s'exécutera au commandement du chef de chaque subdivision.

Si la colonne doit marcher le pas de route, soit pour se rendre de son quartier au terrein d'exercice, soit pour exécuter toute autre espece de marche, les seconds & les troisiemes rangs de chaque subdivision de la colonne prendront tout en marchant, entre chacun, deux pieds de distance de plus que celle qui les séparoit de leur chef-de-file à rangs serrés, sans cependant que l'aisance qu'on laisse prendre aux seconds & troisiemes rangs pour la facilité de la marche, dispense le premier rang de toutes les subdivisions de la colonne, de se porter en avant au commandement *marche*.

Après les vingt prmiers pas, on fera porter l'arme au bras, ce qui s'exécutera, ainsi qu'il vient d'être prescrit ci-dessus.

Le Soldat ne sera plus assujetti alors à marcher du même pas; il portera son arme indifféremment ſur une épaule ou ſur l'autre, pourvu que le bout du canon ſoit en haut. Les files marcheront à l'aiſe, mais on aura attention que les rangs ne ſe confondent jamais, & qu'ils ne s'ouvrent pas de plus de trois pieds d'un rang à l'autro.

Si un régiment étoit en route pour voyager dans l'intérieur du royaume, il marcheroit alors ſans avoir la baïonnette au bout du canon, & proportionneroit le front de ſa marche à la largeur des débouchés, ou à la néceſſité de ne pas embarraſſer les grands chemins, mais il ne marchera cependant en files que dans les cas abſolument indiſpenſables.

Les chefs des ſubdiviſions ſe tiendront deux pas en avant du centre de leur ſubdiviſion.

dans toutes les colonnes, toutes les fois que le Commadant de la ſubdiviſion ne ſera pas placé à l'aile par laquelle on devra ſe remettre en bataille, l'Officier ou le bas Officier qui y ſera placé ſera reſponſable de la diſtance au chef de la ſubdiviſion, afin qu'à tous les inſtans de la marche, la colonne, par quelque ſubdiviſion que la ligne ait été rompue, n'occupe de la tête à la queue qu'un eſpace égal à l'étendue du front qu'elle occupoit en bataille en enretranchant l'étendue du front de la ſubdiviſion de la tête.

Cet Officier ou bas Officier ſera reſponſable du chef-de-file, autant que la direction de la marche le permettra; le Commandant en chef voulant faire marcher la colonne ayant, commandera:

1. *Colonne en avant.*

L'Officier ſupérieur de chaque bataillon, commandera auſſitôt:

Bataillon en avant.

2. *Marche.*

A ce commandement, la colonne marchera au pas ordinaire, en ſe conformant pour les commandemens, & la maniere dont ils doivent être répetés & exécutés à ce qui eſt preſcrit ci-deſſus.

Si la colonne doit marcher au pas de manœuvre ou au pas de route, le Commandant en chef, après le premier commandement, commandera :

2. *Pas de manœuvre* ou *pas de route.*

3. *Marche.*

Ces commandemens seront répétés par l'Officier supérieur de chaque bataillon, & exécutés, ainsi qu'il vient d'être prescrit, soit pour marcher régulièrement, soit pour marcher au pas de route.

Le Commandant en chef, pour accoutumer les Officiers & les Soldats à l'exactitude qu'exige la marche des colonnes, fera, lorsqu'il le jugera à propos, les commandemens :

1. *Colonne.*

2. *Halte*,

pour arrêter la colonne.

En même temps que le Commandant en chef fera le commandement *colonne*, l'Officier supérieur commandant chaque bataillon, fera celui *bataillon*.

Le commandant en chef commandera ensuite :

1. *Colonne en avant*,

2. *Marche*,

pour la porter en avant.

Au commandement *halte*, répété & exécuté ainsi qu'il a été prescrit ci-dessus, le Soldat portera l'arme, il s'alignera ensuite à gauche ou à droite, au commandement du chef de sa subdivision ; & si la colonne étoit au pas de route, au commandement *halte*, les files & les rangs se serreroient en même temps que le Soldat portera l'arme.

Le Commandant en chef examinera, avec la plus grande attention, si ses commandemens sont répétés avec exactitude & rapidité par l'Officier supérieur commandant chaque bataillon, & par le chef de chaque subdivision de la colonne.

Pour s'assurer si les distances ont été scrupuleusement observées, comme elles doivent l'être, il pourra la faire mettre inopinément en bataille, en se conformant alors à ce qui sera prescrit ci-après au *Titre X*, *articles 3*, *4*, *5*, ou *6*, suivant que la colonne aura la droite ou la gauche en tête.

ARTICLE 2.

Colonne avec la droite en tête, marchant au pas ordinaire, au pas de manœuvre ou au pas de route, & changeant de direction à droite ou à gauche.

Lorsqu'une colonne en marche sera dans le cas de changer de direction à droite ou à gauche, la subdivision de la tête, & successivement chacune des autres subdivisions de la colonne, à mesure qu'elle arrivera au point où elle devra tourner, suivra sans commandement, & par le principe de l'alignement, le mouvement de l'Officier ou du bas Officier de l'aile vers laquelle

elle se trouvera avoir la tête tournée, de maniere que dans une colonne ayant la droite en tête, soit que cette colonne tourne à droite, soit qu'elle tourne à gauche, chaque subdivision ne cessera de regarder vers l'aile gauche.

L'Officier ou le bas Officier placé à l'aile de la premiere subdivision, soit qu'il se trouve au pivot, soit qu'il se trouve à l'aile marchante de cette espece de conversion, tournera, en faisant toujours le pas de la même longueur & de la même vîtesse ; tous ceux placés à l'aile des autres subdivisions, n'auront d'autre attention à avoir que celle de marcher, en conservant la distance qui doit les séparer de l'homme de l'aile gauche de la subdivision qui les précédera dans la colonne, & en conservant le même pas que lui, si la colonne marche au pas ordinaire ou au pas de manœuvre.

Le chef de chaque subdivision, deux pas avant d'arriver sur le terrein où la subdivision précédente aura tourné, préviendra ſa troupe par l'avertiſſement *tournez à droite* ou *à gauche*.

A cet avertiſſement, ſi l'Officier ou le bas Officier placé à l'aile, ſe trouve au pivot de cette eſpece de converſion (ce qui aura lieu dans la ſuppoſition d'une colonne avec la droite en tête, changeant de direction à gauche), le premier rang commencera dès-lors à avancer l'épaule oppoſée au côté vers lequel on devra tourner, tandis que l'Officier ou le bas Officier de l'aile ſur laquelle on devra ſe régler, continuera de marcher droit devant lui, juſqu'à ce qu'il ſoit arrivé au point où aura tourné l'Officier ou le bas Officier de la ſubdiviſion qui précédoit la ſienne. A l'inſtant où cet Officier ou bas Officier tournera, la ſubdiviſion ſe conformera à ſa direction le plus promptement poſſible.

Lorſque l'Officier ou le bas Officier ſe trouvera au contraire à l'aile marchante de cette eſpece de converſion (ce qui aura lieu dans la ſuppoſition d'une colonne ayant la droite en tête, changeant de direction à droite), la portion de la subdivision qui sera à l'aile opposée à cet Officier ou bas Officier, aura attention de se conformer à sa direction en gagnant cependant un peu de terrein en avant, afin que la subdivision suivante ne se trouve point arrêtée.

Dans une colonne ayant sa gauche en tête, les bas Officier de l'aile droite sera chargé de tout ce qui vient d'être prescrit à l'Officier ou bas Officier de l'aile gauche.

ARTICLE 3.

Du passage de défilé que rencontre une colonne.

La colonne rencontrant un défilé qui obligeroit de diminuer le front de ses subdivisions, si la colonne marchoit par division, elle se romproit, suivant la nécessité, d'abord par pelotons, ensuite par sections, par les commandemens indiqués au *Titre VI*, *article*

article 3, des manœuvres de détail, de maniere que dans une colonne ayant sa droite en tête, le premier peloton précédera le second, ou la premiere section la seconde, & la troisieme section la quatrieme.

L'inverse s'observera dans une colonne, ayant la gauche en tête; mais la colonne étant une fois par section, chaque section, avant d'entrer dans le défilé, serrera les rangs & les files, & marchera réguliérement au commandement de son chef, au pas de manœuvre.

Si le défilé ne lui permet pas alors de passer de front, les files qui ne pourront pas passer suivront par le flanc à l'avertissement du chef de la section, mais sans commandement & sans s'arrêter; les files qui marcheront de front, en se conformant pour le surplus à ce qui sera prescrit au passage de l'obstacle dans la marche en bataille, & en commençant par les files de gauche dans les colonnes qui auront la droite en tête, & par les files de droite dans les colonnes qui auront la gauche en tête.

Le Serre-file ou le bas Officier qui sera chargé de la conservation de la distance, ne suivra point le mouvement des files qui marcheront par le flanc, il se rapprochera au contraire à mesure de la premiere file de la portion qui continuera de marcher par le front, afin de marquer toujours la distance de section.

A mesure que le défilé se rétrécira, il se mettra des files de plus par le flanc, jusqu'à ce que les sections de toutes les portions de la colonne qui seront engagées dans le défilé, soient entiérement par le flanc.

A mesure que le défilé s'élargira, on augmentera successivement le nombre des files qui marcheront par le front, les Troupes ne devant marcher par le flanc, que dans la plus indispensable nécessité:

En réformant les sections, les files

qui auront marché par le flanc se reformeront en courant.

En se formant successivement à côté de celles qui auront marché de front, elles regarderont de ce côté pour reprendre le pas, & aussitôt après qu'elles l'auront repris, elles tourneront successivement la tête vers l'aile qui devra servir de pivot pour se remettre en bataille.

Le Serre-file ou bas Officier placé ordinairement à cette aile, longera toujours le bord du défilé, pour laisser le terrein libre aux files qui se reformeront, afin de se retrouver toujours sur le flanc, & de veiller continuellement à l'observation de sa distance.

Les sections étant formées, le chef de chaque peloton ou division fera reformer son peloton, & enfin sa division si la marche a été ainsi commencée, à mesure & aussitôt que la possibilité s'en présentera, par les commandemens indiqués au *Titre VI, article 3, des manœuvres de détail.*

Si la colonne marchoit par le dernier rang, l'Officier ou le bas Officier se placeroit au dernier rang devenu le premier, mais toujours du côté par lequel se devroit prendre le chef-de-file, si la colonne marchoit par son premier rang.

Le Commmandant de chaque subdivision, ainsi que les serre-files se tiendront cependant toujours à leur place ordinaire, les serre-files devant le troisieme rang devenu le premier; le Commandant de la subdivision, derriere le centre de son premier rang devenu le troisieme, mais on ne marchera ainsi que dans des cas très-rares, & seulement pour faire rétrograder une colonne qui se seroit portée trop en avant.

La marche des colonnes, même des colonnes en marche de route, étant de tout ce qu'exécute l'Infanterie, l'opération la plus répétée, & une de celles dont les conséquences sont presque toujours les plus importantes, doit être regardée comme un article essentiel de l'instruction des Officiers, bas Officiers & Soldats.

Il est indispensable de leur apprendre qu'il ne doit jamais y avoir d'interruption dans la marche d'une colonne; que tout homme, tout rang, ou toute subdivision qui arrête ou suspend sa marche sans commandement, arrête successivement toute la colonne & occasionne, pour peu que ces négligences soient répétées, une fatigue excessive aux Troupes de la queue, & un retard souvent capable de faire manquer les opérations les plus importantes & les mieux combinées. Qu'une colonne doit marcher en avant, ou s'arrêter toute entiere à la fois, & seulement par le commandement du Commandant en chef, répété ainsi qu'il vient d'être prescrit ci-dessus.

ARTICLE 4.

Colonne d'Infanterie traversant un pays ouvert, à portée de la Cavalerie

Une colonne d'Infanterie marchant au pas de route, ou régulierement au pas ordinaire, ou au pas de manœuvre dans un pays ouvert, & pouvant être harcelée sur les deux flancs par des Hussards ou de la Cavalerie, marchera par le front d'une division, avec, seulement entre chaque division, le quart de la distance qui lui seroit nécessaire pour se mettre en bataille.

Pour serrer ainsi la colonne, le Commandant en chef commandera :

1 *A distance de section, serrez la colonne.*

2 *Marche.*

Ce qui sera commandé, répété & exécuté, ainsi qu'il sera prescrit ci-après au *Titre X*, *article* 10, *des déploiemens*, excepté que les divisions, au lieu de serrer en masse, serreront à distance de section l'une de l'autre.

La colonne étant une fois serrée à distance de section, exécutera tous les commandemens au commandement du Commandant en chef, l'Officier supérieur commandant chaque bataillon, & les chefs de division, avertiront seulement leurs troupes à demi-voix des mouvemens qu'elles devront exécuter.

Les compagnies de Grenadiers qui se trouveront dans l'intérieur de la colonne, laisseront pendant la marche, entre leur premier peloton & le second, l'intervalle nécessaire, pour que leur file extérieure de chaque côté soit alignée sur la file extérieure des divisions qui les précéderont; les deux sections de droite de ces compagnies suivront, dans ce qui va être prescrit ci-après, le mouvement des deux sections de la droite de la colonne, les deux sections de gauche de ses compagnies suivront le mouvement des deux sections de gauche de la colonne.

Si une compagnie de Grenadiers se

trouve à la tête ou à la queue de la colonne, ces compagnies étant moins fortes que les autres marcheront sur deux rangs.

Le Capitaine de Grenadiers, aussitôt que l'Officier supérieur de son bataillon lui en aura donné l'ordre, commandera, *Grenadiers sur deux rangs, troisieme rang, à droite & à gauche, marche*; le troisieme rang de la premiere section viendra se placer à la droite du premier rang de la premiere section, le troisieme rang de la seconde section passera à la droite du second rang de la premiere section. Le troisieme rang de la quatrieme section viendra se placer à la gauche du premier rang de sa section, & le troisieme rang de la troisieme section à la gauche du second rang de la quatrieme section.

Il divisera de nouveau sa compagnie en quatre sections.

Ce mouvement de la compagnie de Grenadiers s'exécutera en marchant, s'il eſt néceſſaire, par le pas oblique à droite & à gauche, mais dans tous les cas très-promptement.

En même temps que toutes les diviſions de la colonne ſerreront à diſtance de ſection, la premiere diviſion de Fuſiliers ſerrera ſur la compagnie de Grenadiers ou de Chaſſeurs de la tête de la colonne, en ne laiſſant de diſtance que ce qui ſera néceſſaire pour l'aiſance de la marche.

La ſeconde diviſion de Fuſiliers de la tête de la colonne laiſſera entre ſon premier rang & le dernier rang des deux compagnies de la tête, qui marcheront ſerrées, la diſtance néceſſaire pour que ces ſections, en rompant comme il va être dit ci-après, ne ſoient pas gênées par le dernier rang de ces deux compagnies, qui après le mouvement de converſion des ſections fini, devra être ſéparé de deux pas du flanc de ces ſections.

Les deux dernieres diviſions de la queue de la colonne qui ſont deſtinées à faire face en dehors, & qui ne doivent pas se rompre, marcheront de même serrés; la compagnie de Grenadiers ou de Chasseurs de la queue, contre la derniere division de Fusiliers; la derniere division de Fusiliers; contre le dernier rang de l'avant-derniere.

La colonne marchant dans cet ordre, le Commandant en chef détachera un bas Officier, & quelques hommes de la droite & de la gauche de chaque division de la colonne; ces hommes marcheront à peu-près à hauteur de leur division, mais à leur aise & en tirant à volonté sur ce qui approcheroit à portée.

La colonne continuera de marcher dans cet ordre au pas de route, au pas de manœuvre ou au pas ordinaire, aussi longtemps qu'elle le pourra. Mais si cette cavalerie augmentoit & s'approchoit de la colonne assez en force & assez en ordre pour la mettre dans le cas de suspendre sa marche, les hommes détachés rentreront à leur division, le Commandant en chef commandera :

Colonne, halte.

A ce commandement, toute la colonne arrêtera, il commandera ensuite, si l'ennemi est sur le flanc droit.

Dans chaque division par section à droite.

Si l'ennemi est sur le flanc gauche.

Dans chaque division, par section à gauche.

Si l'ennemi est sur les deux flancs.

Dans chaque peloton, par section à droite & à gauche.

Chaque commandant de section se portera à ce commandement au centre de sa section, & la préviendra à demi-voix du mouvement qu'elle devra exécuter.

Le Commandant en chef commandera ensuite, *marche*, ce qui s'exécutera, dans la premiere supposition, par chaque section qui rompra à droite; dans la seconde supposition, par chaque section qui rompra à gauche.

Dans la troisième supposition, par les deux sections du flanc droit qui rompront à droite & par les deux sections du flanc gauche qui rompront à gauche.

Le mouvement de conversion des sections sera arrêté par le chef de chacune, & par les commandemens prescrits au *Tit VIII, article* 2.

Pendant que les sections rompront, les deux divisions de la tête de la colone resteront face en tête, les deux divisions de la queue feront face en dehors par un demi-tour à droite au commandement de l'Officier supérieur de ce bataillon.

Tous ces mouvemens s'exécuteront par le premier rang, les Troupes ne devant marcher en colonne par le dernier rang ainsi qu'il a été prescrit ci-dessus, que dans des cas très-rares.

Si cependant la colonne se trouvoit dans cette disposition, tous ces mouvemens s'exécuteroient par le dernier rang

comme

comme par le premier, mais alors les Serre-files des ſections qui ſe trouveroient en dehors, ſe conformeroient à l'inſtant où le feu devroit commencer, à ce qui ſera preſcrit ci-après au *Titre des feux, pour les feux en arriere.*

La colonne étant dans cette diſpoſition, les trois rangs extérieurs feront le feu de file ainſi qu'il eſt preſcrit au *Titre des feux*, le Commandant en chef commandera :

1. *Feu de file.*
2. *Sections extérieures = armes.*
3. *Commencez le feu.*

au premier commandement, les Officiers des ſections extérieures prendront les places qu'ils occupent dans les feux.

Au ſecond, les ſections extérieures apprêteront leurs armes, & les autres continueront de les porter.

Au troiſieme, le feu commencera par la droite de chacune des ſections extérieures.

Les compagnies de Grenadiers de la

tête ou de la queue de la colonne qui se trouveront sur deux rangs, feront feu de leurs deux rangs, la division qui les suivra continuant de porter les armes.

Les Officiers & bas Officiers mettront toute leur attention à empêcher de tirer les rangs de l'intérieur de la colone, qui ne doivent servir que pour soutenir les trois rangs extérieurs, pour remplacer les hommes qui y manqueroient ou remplir les intervalles qui pourroient s'y trouver.

On ne sauroit assez inspirer au Soldat, que dans cette circonstance & dans toutes celles où l'Infanterie pourroit avoir à combattre la Cavalerie, son honneur & son salut dépendent de sa fermeté, de son silence & de son extrême attention à écouter & exécuter le commandement de ses Officiers, & l'Infanterie dans quelque disposition qu'elle combatte, soit en colonne, soit en bataille, doit être convaincue que la Cavalerie n'est redoutable pour elle qu'à l'instant où elle cesse de vouloir lui résister.

Si le feu des rangs extérieurs suffit pour éloigner l'ennemi, mais s'il reste encore à portée, la colonne pourra continuer sa marche dans cet ordre.

Le Commandant en chef fera le commandement,

Colonne = { *à gauche* ou *à droite*,

si toutes les sections ont rompu du même côté, ou le commandement

Colonne = { *à gauche* & *à droite*.

si elles ont rompu de deux côtés différens.

Il commandera ensuite :

1. *Colonne en avant.*
2. *Marche.*

La colonne marchera le pas ordinaire ou le pas de manœuvre suivant l'ordre du Commandant en chef.

En même temps que le Commandant en chef commandera *à droite* ou *à gauche*, ou *à droite & à gauche*, l'Officier supérieur du bataillon de la queue de la colonne, fera faire *demi-tour à droite* aux deux compagnies qui faisoient face en dehors.

Les compagnies & divisions destinées à faire face en dehors à la tête & à la queue de la colonne, marcheront par leur front.

Si l'ennemi se presentoit à portée, la colonne arrêteroit de nouveau, le Commandant en chef, pour l'arrêter, commanderoit :

1 *Colonne, halte*

2 *Front.*

Ce commandement seroit exécuté par toute la colonne qui feroit face par son premier rang, excepté pour les deux divisions de la queue de la colonne qui feroient demi-tour à droite au commandement de l'Officier supérieur de ce bataillon.

Si l'ennemi s'étoit assez éloigné pour que la colonne pût continuer sa marche par le front des divisions, le Commandant en chef la rétablira dans son premier ordre par les commandemens & les moyens suivans.

Si toutes les sections ont rompu à droite & du même côté, le Commandant en chef commandera,

1 *Colonne, par division.*

2 *A gauche.*

3 *Par file à gauche.*

4 *Marche.*

Le premier commandement ne sera qu'avertissement.

Au second, les sections feront *à gauche* Le troisième ne sera qu'avertissement. Au quatrieme, chaque section fera par file *à gauche*, & marchant chacune carrément un nombre de pas égal à l'étendue de leur front, elles arrêteront au commandement du chef de section qui se reportera aussitôt à sa place.

Le chef de la division reprenant alors le commandement de sa division, lui commandera *front*, & aussitôt après *alignement* ou *à gauche = alignement*, suivant que la gauche ou la droite sera en tête.

Si les sections avoient rompu à gauche, elles se remettroient de même par le flanc, mais par des commandemens & des mouvemens contraires.

Si les sections avoient rompu, la moitié à droite & la moitié à gauche, le Commandant en chef après avoir commandé, *Colonne, par division*, commanderoit :

2 *A gauche & à droite.*

3 *Par files à gauche & à droite.*

4 *Marche.*

A ce commandement, les sections marcheroient & seroient ensuite arrêtées, chacune par leur chef. Elles feroient front & s'aligneroient au commandement du chef de la division, ainsi qu'il vient d'être prescrit ci-dessus.

Toutes les fois que la colonne se remettra dans son ordre naturel pour marcher par le front des divisions, les divisions destinées à faire face en dehors à la tête & à la queue de la colonne se remettront à la distance qu'elles doivent observer; les compagnies de la tête en se portant en avant pour s'éloigner de la premiere des divisions qui doit rompre par section, les compagnies de la queue en serrant sur la division qu'elles doivent joindre, le tout au commandement de l'Officier supérieur de chacun de ces bataillons.

Si la colonne étant rompue par section, le feu des rangs extérieurs ne suffisoit pas pour éloigner la Cavalerie & si elle venoit effectivement pour charger; si toutes les sections font face du même côté, les trois dernieres sections serreront sur la section extérieure.

Si l'ennemi est sur les deux flancs, deux des sections faisant face à droite, & les deux autres faisant face à gauche, chaque section de l'intérieur serrera à deux pas sur la section extérieure. Le Commandant en chef, pour les faire ſerrer, commandera :

1 *En maſſe, ſerrez les ſections.*

2 *Marche.*

Chaque ſection ſerrera à deux pas de diſtance de la ſection qui doit la précéder, & ſera à cet inſtant arrêtée par ſon chef.

Dans ces deux dernieres diſpoſitions, les compagnies qui feront face en dehors à la tête & à la queue de la colonne, ne feront aucun mouvement.

La charge de la Cavalerie ayant été repouſſée, la colonne pourra également continuer ſa marche ſans quitter cet ordre.

Lorſque l'ennemi s'étant aſſez éloigné, le Commandant en chef voudra rétablir la colonne dans ſon premier ordre pour continuer ſa marche par le front des diviſions, il fera les mêmes commandemens qui viennent d'être preſcrits ci-deſſus, avant que les sections fussent serrées. Mais alors si les quatre sections sont serrées du même côté, & si elles se sont rompues précédemment par la droite, la derniere section partira la premiere, *par file, à gauche*; aussitôt qu'elle se sera prolongée de tout son front, celle d'à-côté la suivra, après celle-ci la troisieme; après la troisieme, celle qui étoit au flanc extérieur, jusqu'à ce que toute la division étant par son flanc, le chef de chaque section commandera *halte*; & rentrant aussitôt à sa place, le chef de la division commandera, *front, à gauche=alignement*, ou *alignement*, en reprenant sa place deux pas en avant du centre de sa division

Pour que le mouvement se fasse avec plus de régularité, & que la section qui se déploie la premiere, ne marche pas plus qu'il ne faut, un bas Officier de serre-file se portera, au premier commandement, au point où cette section devra arrêter, afin qu'elle ne le dépasse pas.

Si les diviſions ont rompu de deux côtés différens, les deux qui auront rompu *à droite*, feront *à gauche*, & marcheront ſucceſſivement *par file*, *à gauche*, comme il vient d'être expliqué ci-deſſus, tandis que les deux qui auront rompu *à gauche*, feront *à droite*, & marcheront ſucceſſivement *par file*, *à droite*.

Les deux ſections qui devront former le centre de la diviſion, marcheront à la rencontre l'une de l'autre; à l'inſtant où elles ſe réuniront, leurs chefs leur commanderont *halte*, & ſe porteront à leur place. Les ſections des flancs les ſuivront & ſeront de même arrêtées par leurs chefs, qui en commandant *halte*, ſe reporteront à leur place.

Auſſitôt que toute la diviſion ſera par le flanc, le chef de la diviſion commandera *front*, *à gauche*=*alignement*, ou *alignement*, en ſe portant au centre de ſa diviſion.

Il eſt ſous-entendu que les compagnies de la queue de la colonne feront face en tête au commandement de l'Officier supérieur de ce bataillon, toutes les fois que la colonne devra marcher en avant, ou toutes les fois qu'elle se rétablira dans son ordre naturel.

Dans cet exemple, on suppose une colonne de deux bataillons au moins, & de quatre bataillons au plus, attendu que quoique cette disposition puisse se prendre également avec une colonne plus considérable, il est probable que si on avoit un plus grand nombre de bataillons à mettre en marche dans un pays ouvert, on formeroit plusieurs colonnes.

Si un bataillon étoit dans le cas de traverser seul un pays ouvert, il marcheroit de même, avec cette différence que la premiere & la derniere subdivision de la colonne, soit Grenadiers, Chasseurs ou Fusiliers, exécuteroit ce qui a été prescrit pour les deux compagnies de la tête & les deux compagnies de la queue de la colonne de quatre bataillons.

Si un bataillon n'avoit ni ses Grenadiers ni ses Chasseurs, la compagnie de la tête & celle de la queue feroient également face en dehors, les deux autres divisions se romproient par sections ainsi qu'il vient d'être prescrit.

TITRE X.

Des différentes manieres de se mettre en bataille.

ARTICLE PREMIER.

De la maniere dont une Troupe en colonne se reformera en bataille.

TOute troupe qui aura rompu par un mouvement de conversion à droite, se reformera au pas de manœuvre par un mouvement de conversion à gauche. Toute troupe qui aura rompu par un mouvement de conversion à gauche, se reformera au pas de manœuvre par un mouvement de conversion à droite, à moins que dans l'une ou l'autre de ces deux ſuppoſitions on eût fait ſerrer la colonne en maſſe, auquel cas elle ſe déploiera ainſi qu'il ſera preſcrit ci-après à l'*article* 10 de ce Titre.

ARTICLE 2.

Des points de direction, de l'uſage qu'on en doit faire, & de la maniere de prendre des points intermédiaires entre les points de direction.

Les points de direction doivent être des objets éloignés & diſtincts, choiſis par le Commandant en chef pour déterminer la direction qu'il veut donner à ſa ligne, de maniere que dans tous les mouvemens la nouvelle poſition ne ſoit déterminée par le haſard, mais par la volonté du Commandant en chef, qui choiſiſſant autour du terrein que l'œil peut embraſſer, deux points, l'un à ſa droite, l'autre à ſa gauche, donnera ainſi à la ligne ou à la colonne, la direction la plus conforme à ſes vues.

Ces objets doivent être isolés autant qu'il est possible, & assez saillans pour être aperçus distinctement, comme un arbre, un clocher, une maison, un moulin, ou à leur défaut des Officiers à cheval placés dans les points de direction & multipliés dans des points intermédiaires, en raison du nombre des Troupes & des obstacles qui pourroient empêcher qu'on ne les aperçût.

Manière de déterminer une position entre deux points donnés dont on ne peut approcher.

Aussi-tôt que le point de la droite & celui de la gauche auront été déterminés par le Commandant en chef, deux Officiers désignés par les caractères *A* pour celui de gauche, *R* pour celui de droite, chercheront les points intermédiaires.

Soit un arbre *C* à gauche, un clocher *D* à droite.

A reste en place, tandis que *R* se portant environ quarante pas sur la droite de *A*, s'alignera ſur lui & le Point *C*.

A fera ſignal pour marcher en avant, en faiſant un mouvement de converſion, de manière que le point *C* ſoit le pivot de la converſion, & que l'Officier *R* ſe conſerve toujours aligné avec le point *C* & l'Officier *A*.

A marchera regardant toujours *R* pour lui faire ſignal de s'arrêter à l'inſtant où *R* lui cachera le point de droite *D*, *R* ayant toujours marché aligné ſur l'Officier *A* & le point *C*, le point intermédiaire ſera trouvé.

Un des deux, & de préférence celui qui ſe trouvera au point où devra arriver la tête de la colonne, reſtera à ſa place ſans bouger.

Cette opération ſe feroit également avec un plus grand nombre d'Officiers ou d'Adjudans placés ſur un rang entre les deux Officiers *R* & *A*, pourvu que chacun, pendant la converſion, ſe conſervât continuellement aligné ſur l'Officier *A* & le point *C*.

Si on avoit plusieurs colonnes, chacun des Officiers attachés à une de ces colonnes, se prolongeroit sur la ligne de direction, & comptant au trot ou au galop, l'intervalle qui devroit séparer sa colonne de celle sur laquelle il devroit se régler en partant du point où devroit appuyer la droite ou la gauche de cette colonne, il iroit se placer sur la ligne de direction, au point où devroit arriver la tête de celle à laquelle il seroit attaché.

ARTICLE 3.

Colonne la droite en tête, avec distance entière, arrivant par-derriere la nouvelle ligne de direction qu'elle doit occuper en bataille, arrêtant sur cette ligne & s'y formant en bataille.

Le Commandant en chef ayant déterminé le point de direction de sa droite & de sa gauche, un Officier ou un Adjudant étant placé sur cette nouvelle ligne de direction, à peu-près au point par lequel la tête de la colonne devra entrer dans la nouvelle direction ; le Commandant en chef fera alors passer la colonne du pas de route où elle étoit, au pas ordinaire, en se conformant ainsi que l'Officier superieur commandant chaque bataillon & le Commandant de chaque subdivision, à ce qui a été prescrit dans le *Titre IX, pour les commandemens, à l'article premier de la marche en colonne*; de maniere que la totalité de la colonne prenne en même-temps le pas ordinaire.

La colonne marchera alors régulierement l'arme au bras les files & les rangs serrés & alignés

Si la colonne marchoit par section, le Commandant en chef fera former les pelotons ou même les divisions s'il le juge à propos ; mais plus ordinairement les colonnes entreront dans les nouvelles lignes de direction par peloton, à moins que la marche ne se fût exécuté par division.

Au commandement,

Formez { *les pelotons* / ou / *les divisions.* }

du Commandant en chef, répété seulement par l'Officier supérieur commandant chaque bataillon & suivi du commandement,

Marche.

répété par le commandant de chaque subdivision, les pelotons se formeront, ainsi qu'il a été prescrit au *Titre VI, article 3, des manœuvres de détail.*

Les pelotons formés, si la colonne devoit marcher par division, le Commandant en chef fera les commandemens pour former les divisions, ce qui se commanderoit & s'exécuteroit, ainsi qu'il vient d'être prescrit pour former les pelotons.

La tête du premier bataillon de la colonne arrivant à distance du front de deux pelotons de la nouvelle ligne de direction, l'Officier supérieur de ce bataillon commandera, *Chef de peloton ou de division à l'aile gauche.*

Le chef des subdivisions dénommées, se portera à côté de l'homme de gauche de la subdivision.

L'Officier ou le bas Officier qui marchoit à cette aile, lui cédera sa place, & passera en serre-file, afin que l'Officier chargé du chef-de-file & de la distance, soit toujours seul dans sa file.

L'Officier supérieur de chaque bataillon, fera le même comandement à mesure que son bataillon arrivera sur le terrein qu'occupoit le premier de la colonne.

Le Commandant en chef ou l'Officier supérieur qu'il aura chargé de ses ordres, conduira la tête de la colone de maniere que la subdivision de la tête arrive, au moins de tout son front au-dessous du point intermédiaire placé entre les deux points de direction.

Lorsque la subdivision de la tête de la colonne sera arrivé assez près de la nouvelle ligne de direction, (ce qui lui sera indiqué par le Commandant en chef ou l'Officier supérieur de son bataillon) pour qu'en tournant à droite, le chef de la ſubdiviſion placé à l'aile gauche ne la dépaſſe pas, le chef de cette ſubdiviſion commencera à marcher circulairement à droite, & ſa ſubdiviſion ſe conformera ſucceſſivement à ſa direction, ſuivant ce qui a été preſcrit au *Titre IX*, *article* 2, *de la marche en colonne pour une colonne ayant ſa droite en tête devant changer de direction à droite.*

Arrivé de ſa perſonne ſur la nouvelle ligne de direction, il marchera droit ſur le point de direction en avant & le point intermédiaire placé entre les points de direction, il paſſera contre lui le laiſſant à ſa gauche, & arrivé à ſa hauteur, il cherchera entre le point en avant & lui-même des points intermédiaires ſur le terrein, & marchera exactement ſur cette nouvelle ligne qui ſervira de direction à toute la colonne.

Chaque ſubdiviſion de la colonne ayant ſon chef placé à ſon aile gauche, viendra tourner ſur le terrein où aura tourné la premiere ; la colonne continuera de porter l'arme au bras.

Aussitôt que le chef de la seconde subdivision de la colonne sera arrivé sur la nouvelle ligne de direction, il se mettra au chef-de-file sur le chef de la premiere subdivision, & le point de direction en avant, que celui-ci devra lui cacher exactement, & qui lui sera indiqué, ou par l'officier supérieur commandant le bataillon, ou par celui qui sera placé au point intermédiaire.

Les chefs des autres subdivisions se tiendront correctement au chef-de-file, en observant exactement la distance qu'ils doivent avoir dans la colonne qui marchera au pas ordinaire, l'arme au bras.

L'Officier supérieur commandant chaque bataillon, se tiendra à la tête de son bataillon, & se retournera souvent pour voir si les chefs de peloton observent exactement leur chef-de-file.

Le Commandant en chef se tiendra à la tête de la colonne, & examinera souvent si la queue de la colonne répond exactement au point de direction en arriere *C*, d'après la direction de la tête.

Si les chefs-de-file étant exactement observés de la tête à la queue de la colonne, le chef du premier peloton se jette à droite ou à gauche, on s'en appercevra aisément par le prolongement de la colonne qui couvrira ou découvrira trop les points en arriere.

Si le point de direction en arriere est trop découvert, le Commandant en chef fera appuyer la tête de la colonne un peu à gauche, le chef du second peloton prendra de nouveau son chef-de-file, de maniere que le chef du premier peloton lui couvre exactement le point de direction en avant; toute la colonne suivra successivement, le même mouvement.

Si le point de direction en arriere est masqué, on y remédiera par des mouvemens contraires.

Ces variations, dans la direction de la colonne, ne peuvent avoir lieu que par l'inattention de l'Officier, qui marchant à l'aile de la premiere subdivision de la colonne, auroit négligé de choisir & de suivre la direction des points intermédiaires qui se trouveront entre lui & le point de direction en avant, à l'instant où il sera arrivé sur la nouvelle ligne. Si cet Officier a marché droit, & si le chef-de-file a été exactement observé pendant la marche, les points de direction se trouveront précisément en avant du front lorsque la colonne sera reformée en bataille.

Chaque subdivision sera toujours correctement alignée, & joindra exactement du côté de l'Officier qui marchera à son aile gauche, & qui sera chargé de la conservation du pas, de la distance & du chef-de-file.

Chacun de ces Officiers ne perdra pas de vue son chef-de-file, & marchera droit en avant sans tourner les épaules ni à droite ni à gauche, & en ayant attention qu'à tous les instans de la marche l'Officier qui le précédera immédiatement, lui couvre exactement tous ceux qui sont en avant.

Les Officiers & bas Officiers de serre-file auront la plus grande attention à ce que les pelotons marchent carrément sur la ligne donnée, & que les Soldats soient constamment au même pas, & se joignent bras à bras, mais sans être serrés du côté de l'Officier qui est au pivot, la colonne entiere marchera au même pas.

La tête de la colonne étant arrivée au point où doit appuyer la droite de la ligne, le Commandant en chef commandera :

1 *Colonne.*

2 *Halte.*

A ce dernier commandement, la colonne arrêtera en se conformant pour les commandemens, pour la répétition

tion des commandemens & pour leur exécution, à tout ce qui a été prescrit au *Titre IX, article premier des regles générales de la marche des colonnes ;* excepté que le chef de chaque subdivision chargé de la conservation du chef-de-file ne bougera pas de sa place pour aligner sa division, il y jettera seulement un coup d'œil, mais restera principalement fixé sur l'alignement en file de tous les pivots, afin de pouvoir avec la plus grande célérité rectifier cet alignement, si ceux qui sont avant lui faisoient quelque mouvement en se jettant un peu plus à droite, ou un peu plus à gauche, ce qui ne peut cependant arriver que dans le cas où ces Officiers auroient apporté quelque négligence pendant la marche.

Le Commandant en chef commandera ensuite :

1 *A gauche, en bataille.*
2 *Marche.*

Au premier commandement répété par

M

l'Officier supérieur de chaque bataillon, un Serre-file de l'aile droite de la subdivision de la tête de chaque bataillon, se portera sur l'alignement des pivots gauches, à la distance au moins du front de sa subdivision pour déterminer exactement le point où le chef de cette subdivision devra arrêter son mouvement de conversion, ce qui sera exécuté généralement à chaque subdivision qui aura la tête d'une colonne & d'un bataillon.

En même temps tous les chefs de subdivision placés ordinairement à l'aile droite de leur subdivision, s'y porteront légèrement pour conduire l'aile marchante de la conversion.

Au second commandement *marche*, qui sera répété par les Officiers supérieurs commandant chaque bataillon, & le chef de chaque subdivision, l'homme du premier rang de l'aile gauche de chaque subdivision, fera brusquement *à gauche* sur le talon gauche, & la colonne se mettra en bataille par un mouvement de conversion à gauche.

Le mouvement de conversion fini, le chef de chaque subdivision commandera *halte*; un instant avant d'arriver lui-même à hauteur de l'homme de gauche de la ſubdiviſion qui précédoit la ſienne dans la colonne, il s'alignera de ſa perſonne ſur le pivot de cette ſubdiviſion, & commandera, *alignement*; il rectifiera ſon alignement de la droite à la gauche, en portant la tête ſur le rang, en avançant un peu le corps, & même en ſortant hors du rang s'il eſt néceſſaire; obſervant que les hommes qui ont ſervi de pivot ne doivent jamais bouger, & que ſon premier rang s'aligne avec la plus grande vivacité.

Nota. *Lorſqu'on voudra faire mettre inopinément en bataille une colonne en marche de route, comme il eſt dit au dernier* alinea de l'article premier du Titre IX, *ſans que les chefs de ſubdiviſion aient été placés à l'aile, côté du chef-de-file, au commandement* à gauche ou à droite = en bataille, *les Officiers ou bas Officiers placés à cette aile ſe remettront à leur place, & les chefs de ſubdiviſion ſe porteront à l'aile marchante.*

Pelotons qui ne ſont point encore entrés dans la nouvelle ligne de direction.

Si à l'inſtant où la tête de la colonne

arrivera au point où devra appuyer la droite de la ligne, quelques pelotons n'étoient pas encore entrés dans la nouvelle direction; ce qui n'y seroit point encore entré, arrêteroit comme le reste de la colonne, au commandement *halte*, du Commandant en chef.

Au commandement *à gauche = en bataille*, fait à tous les pelotons qui seront sur la ligne de direction, l'Officier supérieur commandant le bataillon, dont quelques pelotons ne seroient point encore entrés dans la nouvelle ligne de direction, leur commandera, aussitôt après :

1. *Par le flanc gauche.*
2. *Bataillon = à gauche,*

si c'est un bataillon entier.

Derniers pelotons, ou *dernier peloton = à gauche,*

si ce n'est qu'une portion de bataillon.

Au commandement *à gauche*, répété par chaque chef de ces pelotons, les pelotons feront *à gauche*, & leur chef se placera au côté droit du premier homme de sa file gauche.

Toutes les fois qu'une subdivision devra se porter par son flanc sur la nouvelle ligne si c'est par le flanc gauche, le premier homme de ce flanc sera le même serre-file qui conduisoit ce flanc avant que le chef de la subdivision vînt s'y placer, & ce sera au côté droit de ce serre-file qui restera à ce flanc s'il s'y trouve, qui s'y placera s'il n'y étoit pas, aussitôt que le peloton aura fait *à gauche*, que marchera le chef de la subdivision.

Lorsque cette subdivision s'arrêtera sur la nouvelle ligne, au commandement *halte*, le serre-file rentrera à sa place ordinaire, pour laisser le chef de la subdivision se placer seul à l'aile gauche.

Si au contraire la subdivision marchoit par le flanc droit, tout ce qui vient d'être prescrit pour le serre-file le plus près du flanc gauche, sera exécuté dans les mêmes circonstances & dans les mêmes instans, par le bas Officier de remplacement, qui est habituellement derriere le chef de peloton.

Tout ce qui vient d'être prescrit ci-dessus ne sera plus répété.

l'Officier supérieur commandera ensuite :

Marche.

A ce commandement, répété par le chef de chaque peloton, tous les pelotons marcheront au pas de manœuvre par leur flanc gauche. Le premier peloton de ceux qui n'étoient pas encore entrés dans la nouvelle ligne de direction, sera conduit sur cette nouvelle ligne par son chef, qui aura attention de faire arriver son flanc gauche, & lui-même de sa personne, au point où devra se trouver la gauche de son peloton. Étant arrivé à ce point, où il précédera de deux ou trois pas son premier homme, il s'alignera sur la nouvelle ligne de direction, en faisant face au flanc de la ligne déja formée, de maniere à découvrir la superficie de l'alignement du premier rang, & à ce que son premier homme se trouve, en le joignant, correctement aligné sur le flanc.

Le chef de peloton observera entre lui & la derniere troupe à côté de laquelle il devra se mettre en bataille, la distance nécessaire pour contenir la sienne.

Il ajoutera l'intervalle du bataillon, s'il se trouve être à la droite du bataillon.

Son premier homme arrivé près de lui, il commandera *halte* à son peloton, assez à temps pour que son premier homme arrête exactement contre lui; il commandera ensuite, *front*, *à gauche* = *alignement*.

Aussitôt que le peloton qui devra venir se ranger derriere le sien, sera placé, & que le chef de ce peloton étant aligné en file, aura commandé *halte*, *front*, *à gauche* = *alignement*, le chef du peloton qui sera arrivé le premier se portera lestement à la droite de son peloton, en commandant *à gau-*

che=en bataille; aussitôt qu'il y sera arrivé, il commandera *marche*, conduira le mouvement de conversion & l'arrêtera par les commandemens *halte*, *alignement*, en se conformant à tout ce qui est prescrit ci-dessus au chef de chaque subdivision pour se mettre en bataille.

Tous les autres pelotons de ce même bataillon, feront de même par *files à droite* au commandement *marche*, mais en ayant attention d'observer leur distance à droite & de se diriger de maniere que le flanc gauche de leur peloton passe par le point où devra arrêter leur flanc droit lorsque leur flanc gauche sera arrivé sur la nouvelle ligne de direction, afin que de ce point le flanc gauche puisse, en changeant alors un peu sa direction, se diriger parallélement au peloton qui sera déjà placé sur la nouvelle ligne de direction.

A mesure que le flanc gauche de chaque peloton, arrivera au point où il devra arrêter, chaque chef lui commandera *halte, front à gauche alignement, à gauche en bataille, marche;* ce qui s'exécutera comme il vient d'être prescrit pour le peloton qui s'est trouvé le premier arrivé par le flanc sur la nouvelle ligne de direction; de maniere que chaque peloton ne se mette en bataille que lorsque le peloton d'après sera arrivé, & qu'il se sera aligné.

Bataillons qui ne sont point encore entrés dans la nouvelle ligne de direction.

Si plusieurs bataillons n'étoient point encore entrés dans la nouvelle ligne de direction, l'Officier supérieur de chaque bataillon, aussitôt qu'on commandera *à gauche en bataille*, & qu'il verra les pelotons du bataillon le plus voisin de la ligne de direction dans la disposition de s'y ranger par le flanc, commandera à son bataillon:

1. *Par bataillon en avant, diagonalement en colonne.*
2. *Marche.*

Ce qui ſera répété juſqu'à la queue de la colonne par l'Officier ſupérieur commandant chaque bataillon, lequel devra obſerver avec attention ce qui ſe paſſera en avant de lui.

Chacun dirigera ſur le champ par les principes preſcrits au *Titre IX*, *article 2*, *de la marche en colonne*, le peloton de la tête de ſon bataillon par la ligne la plus courte, & au pas de manœuvre, ou au moins au pas de route, vers le point où devra arriver la droite de ſon bataillon; le Commandant du régiment, le Major ou l'Adjudant ſe portera promptement ſur la nouvelle ligne de direction, afin de ſervir de point de renſeignement à la tête de ſon premier bataillon.

Tous les autres bataillons de la colonne ſe déboîteront de même de la colonne principale pour former chacun la leur & pour aller par le plus court chemin, & de même au pas de manœuvre, ou au moins au pas de route, ſe porter vers la ligne de bataille.

Ces bataillons vingt pas après être deboîtés, porteront l'arme au bras au commandement du chef de chaque subdivision, sur l'ordre qui en sera donné par l'Officier supérieur commandant chaque bataillon, & chaque bataillon ne reportera l'arme qu'au commandement *halte*, qui sera fait à l'instant où les pelotons devront entrer par le flanc sur la nouvelle ligne.

Lorsque le premier bataillon, qui se sera ainsi déboîté de la colonne, arrivera vis-à-vis le point où devra appuyer sa droite, & à distance d'un peloton de la ligne de bataille, l'Officier supérieur commandera :

1. *Par le flanc gauche.*
2. *Bataillon = halte.*
3. *A gauche.*
4. *Marche.*

Tous les pelotons de son bataillon se conformeront, pour venir successivement se placer dans la nouvelle ligne de direction, à ce qui vient d'être prescrit pour les premiers pelotons qui se sont trouvés dans le même cas.

Aussitôt que le Commandant du régiment, le Major ou l'Adjudant, qui étoit placé au point où devroit appuyer la droite du régiment, aura vu mettre en bataille le peloton de droite, il se portera promptement, pour servir de même de point de renseignement au second bataillon.

L'Officier supérieur veillera de la droite sur l'alignement de son bataillon.

Tout ce qui vient d'être prescrit sera exécuté de même dans chaque bataillon & dans chaque régiment, à mesure que chaque bataillon déboîté de la colonne principale approchera de la nouvelle ligne de direction.

ARTICLE 4.

Colonne la droite en tête, arrivant par-devant la nouvelle ligne de direction, arrêtant sur cette ligne, & s'y formant en bataille.

Si une colonne, ayant la droite en tête

tête, arrive pardevant la ligne de direction qu'elle doit occuper en bataille, & par conséquent pour faire face au côté opposé à sa marche & à la position désignée dans l'*article précédent*, ce qui équivaut à un mouvement rétrograde, qu'on exécuteroit cependant en marchant par le premier rang ; le Commandant en chef, après avoir exécuté tout ce qui vient d'être prescrit, & avoir mis la colonne au pas ordinaire, en dirigera la tête de maniere à ce que l'Officier placé à l'aile gauche de chaque peloton arrivant sur la nouvelle ligne de direction au point où la colonne devra changer de direction à gauche, suivant les principes prescrits au *Titre IX, article 2, de la marche en colonne*, tourne au-dessous de l'Officier placé dans le point intermédiaire de la nouvelle direction, ou tout au moins autour de lui, en le laissant à sa gauche, pour delà cherchant entre le point en avant & lui-même, quelques points intermédiaires que pourra offrir le terrein, se dirigor sur cette ligne qui servira de direction à toute la colonne.

Tous les pelotons suivront la tête de la colonne, en venant successivement avec chacun leur chef à leur flanc gauche, changer de direction, & tourner à gauche pour se diriger sur la nouvelle ligne, ainsi qu'il a été expliqué précédemment.

La tête de la colonne étant arrivée au point où devra appuyer la droite de la ligne, sera arrêtée & mise en bataille, comme il vient d'être expliqué à l'article précédent.

Pelotons qui ne sont point encore entrés dans la nouvelle ligne de direction.

Si quelques pelotons n'étoient pas encore entrés dans la nouvelle ligne de direction, lorsque la tête de la colonne arrêtera, ces pelotons arrêteront en même temps que la colonne; après quoi l'Officier supérieur commandant ce bataillon, aussitôt après avoir commandé *à gauche en bataille*, leur commandera, ainſi qu'il vient d'être preſcrit ci-deſſus pour un bataillon ou une portion de bataillon.

1. *Par le flanc droit.*

2. *Bataillons* ou *derniers pelotons* = *à droite.*

3. *Marche.*

Au commandement *à droite*, répété par le chef de chaque peloton qui ſe ſera porté au premier commandement, au côté gauche de l'homme de ſa droite, ils feront *à droite.*

Au troiſieme, répété de même, le premier peloton à entrer dans la nouvelle direction, fera *par file à gauche*, conduit par ſon chef, qui ſe dirigera de maniere à arriver, avec ſa premiere file, au point où devra ſe trouver la gauche de ſon peloton.

Le chef arrivé à ce point, laiſſera couler ſon peloton, ſe placera de ſa perſonne à la diſtance néceſſaire pour mettre ſa troupe en bataille, entre lui

& le peloton qui le précédoit immédiatement dans la colonne, en faisant face sur l'alignement du premier rang de la ligne.

Aussitôt que son homme de droite aura marché un nombre de pas égal à l'étendue du front de son peloton, il commandera *halte*, *front*, *à gauche* = *alignement*, sans se déranger de son alignement; il observera qu'au commandement *à gauche* = *alignement*, son homme de gauche se joigne immédiatement à sa droite.

Lorsque le peloton qui devra se ranger après le sien sera placé & aligné, il commandera, en se portant à l'aile droite, *à gauche en bataille*, *marche*, & arrêtera le mouvement de conversion, ainsi qu'il est prescrit dans l'*article précédent*, par les commandemens *halte*, *alignement*.

Tous les pelotons de ce même bataillon, qui de même n'étoient pas entrés dans la colonne lorsqu'elle a arrêté, après s'être ébranlés tous en même temps au commandement *marche*, & avoir fait *par files à gauche*, se conformeront exactement, en observant leur distance à gauche à tout ce qui vient d'être prescrit pour le peloton qui a marché le premier par le flanc.

Bataillons qui ne sont point encore entrés dans la nouvelle ligne de direction.

Tous les autres bataillons de la colonne, qui se trouveroient dans le même cas que ces pelotons, arrêteroient en même temps que le reste de la colonne, & l'Officier supérieur de chacun, au commandement *à gauche en bataille*, fait au reste de la ligne, commanderoit :

1. *Par bataillon, en arriere diagonalement en colonne.*
2. *Marche.*

A ce commandement, la tête de chaque bataillon, dirigée diagonalement pas son chef, suivant les principes indiqués au *Titre IX*, *article* 2, *de la marche en colonne*, se déboîtera la colonne principale, pour former chacun leur colonne séparée.

Un Officier supérieur de chaque régiment, se portera promptement, comme il a été prescrit dans l'article précédent, sur la nouvelle ligne de direction, pour servir de point de renseignement à la tête de son premier bataillon qui se dirigera sur lui.

Ce premier bataillon arrivant à distance du front d'un peloton de la nouvelle ligne, l'Officier supérieur commandera :

1. *Par le flanc droit.*
2. *Bataillon = halte.*
3. *A droite.*
4. *Marche.*

A ce dernier commandement, chaque peloton fasant *par file à gauche*, & se dirigeant en conservant sa distance à gauche sur le terrein que devra occuper sa gauche ira, conduit par son chef placé au flanc droit, se conformer à tout ce qui vient d'être prescrit pour les premiers pelotons qui ont dû entrer par le flanc droit, dans la nouvelle ligne de direction.

Chaque bataillon de la queue de la colonne marchera ainsi en colonne par bataillon, jusqu'à ce qu'il soit à distance du front d'un peloton de la nouvelle ligne de direction, afin que dans tous les cas il n'y ait jamais plus d'un bataillon marchant ainsi par le flanc.

ARTICLE 5.

Colonne la gauche en tête, arrivant par derriere la ligne de direction, arrêtant sur cette ligne, & s'y formant en bataille.

L'inverse s'exécutera dans une colonne rompue à gauche, arrivant derriere la nouvelle ligne de direction, excepté que les chefs de subdivion se trouvant alors à la droite pour prendre le chef-de-file; le bas Officier qui est derriere eux passera en serre-files pendant la marche de la colonne, afin que l'Officier chargé de conſerver le chef-de-file & la diſtance, ſoit toujours ſeul dans ſa file; ce bas Officier ne reviendra à la droite du dernier rang, que lorſque le peloton ſera rentré en ligne.

Dans le même cas d'une colonne rompue à gauche, au commandement *à droite, en bataille*, les chefs de ſubdiviſion qui ſe trouveront placés à l'aile droite pour conſerver le chef-de-file, ſe porteront légerement à l'aile gauche pour conduire le mouvement de converſion.

Le Lieutenant qui, dans l'ordre de bataille, ferme la gauche du bataillon, reculera au deuxime rang pour céder ſa place au chef de ſon peloton.

Les chefs de ſubdiviſion commanderont, après le mouvement de converſion fini, *halte*, *à gauche=alignement*; ils rectifieront l'alignement de leur ſubdiviſion, & au commandement *tête=à droite*, fait par l'Officier ſupérieur du bataillon; lorſque le bataillon ſera aligné, ils reprendront promptement leurs places de bataille, en paſſant par-devant le front de leurs ſubdiviſions.

Pelotons qui ne ſont point encore entrés dans la nouvelle ligne de direction.

Il faut encore obſerver que dans tous les cas où les pelotons, dans la colonne ayant la droite en tête, auroient fait *à gauche*, & marché *par files à droite* par leur flanc gauche, ceux-ci dans les mêmes ſuppoſitions feroient *à droite*, & marcheroient *par files à gauche* par leur flanc droit.

Bataillons qui ne ſont point encore entrés dans la nouvelle ligne de direction.

Quant aux bataillons qui n'étant pas encore entrés dans la nouvelle direction, devront ſe déboîter de la colonne principale, la colonne avec la gauche en tête arrivant par-derriere la nouvelle ligne de direction, ces bataillons ſe déboîteront par le commandement.

Par bataillon, en avant.

Diagonalement, en colonne.

Et par conséquent en tournant en demi à droite.

ARTICLE 6.

Colonne la gauche en tête, arrivant par-devant la nouvelle ligne de direction, s'arrêtant sur cette ligne, & s'y formant en bataille.

Si au contraire la colonne, avec la gauche en tête, arrive par-devant la nouvelle ligne de direction, les pelotons qui ne seront point entrés dans la nouvelle direction, y entreront par le flanc gauche, & les bataillons qui ne seront point entrés dans la nouvelle direction, se déboîteront de la colonne principale par le commandement:

Par bataillon, en arriere.

Diagonalement en colonne.

Et par conséquent en tournan nte demi à gauche.

Tous les mouvemens précédens exécutés au pas de manœuvre, ou au pas de route.

Il n'y a aucun de ces mouvemens qui ne puisse & ne doive également s'éxécuter au pas de manœuvre, ou au pas de route, même pour se prolonger sur les nouvelles lignes de direction.

Les régimens seront par conséquent exercés à les exécuter à tous les différens pas, mais on ne se servira du pas de manœuvre, qu'autant que les mouvemens seront exécutés avec assez peu de troupes, pour pouvoir soutenir cette vitesse pendant toute la durée du mouvement.

Quoique tous ces mouvemens puissent être supplées par les déploiemens, en se conformant à ce qui sera prescrit ci-après dans ce Titre, *article* 10; il est cependant indispensable d'y exercer les Troupes,

1°. Parce qu'une ligne en bataille

peut être dans le cas de se prolonger régulierement sur le même alignement, par sa droite ou par sa gauche, pour suivre les mouvemens de l'ennemi.

2o. Parce qu'il est possible qu'en débouchant sur un terrein, les circonstances n'aient pas permis au Commandant en chef, en déterminant ses points de direction, de déterminer précisément sa droite ou sa gauche, & que les observations qu'il est dans le cas de faire sur la position ou les mouvemens de l'ennemi, peuvent le décider, ou à arrêter son mouvement plutôt qu'il n'avoit compté, ou à se prolonger au-delà du point qu'il avoit d'abord fixé.

Les déploiemens ne pourroient être employés dans cette supposition, parce qu'alors la ligne ne pourroit se prolonger que lorsqu'elle seroit déployée en entier.

Dans la premiere supposition, on se conformeroit à ce qui vient d'être prescrit dans les quatre articles précédens ; & cette supposition établit le principe, d'après lequel une ligne peut occuper en avant ou en arriere de son front, toutes les positions qui peuvent être nécessaires pour se prolonger sur la nouvelle ligne de direction.

Dans la seconde, si le Commandant en chef après avoir arrêté la colonne & l'avoir fait mettre en bataille, se déterminoit à la faire rompre, & à la prolonger de nouveau sur le même alignement, ou dans une nouvelle direction, après que les bataillons de la queue qui n'auroient pu encore entrer dans la premiere position projetée, se seroient déja déboîtés de la colonne, & marcheroient diagonalement par bataillon, alors les mêmes bataillons, toujours par les principes indiqués au *Titre IX, article 2, de la marche en colonne*, se dirigeroient du sens opposé, chacun par leur tête, pour se recoudre l'un à l'autre sur la nouvelle ligne de direction, pour ne plus former successivement qu'une seule colonne à la suite de celle dont ils s'étoient d'abord séparés.

Si dans ce moment quelques pelotons se trouvoient en chemin pour entrer par le flanc sur la nouvelle ligne de direction, l'Officier supérieur se porteroit promptement à ces pelotons, & pendant que la ligne romproit, il leur commanderoit *halte*, *front*. Ces pelotons arrêteroient, feroient *front*, & marcheroient ensuite en avant en même temps que la colonne.

Chacun de ces pelotons entrera alors l'un après l'autre successivement, & par le principe ordinaire de la marche en colonne dans la nouvelle ligne de direction; les pelotons ne devant jamais entrer par le flanc dans cette nouvelle ligne pendant que la colonne est en marche.

Cette derniere supposition établit en même temps le principe par lequel une ligne ou plusieurs en bataille l'une derriere l'autre, occuperont toutes les différentes positions qui peuvent être néceſſaires en avant ou en arriere de leur front, en ſe prolongeant ou ne ſe prolongeant pas ſur la nouvelle ligne de direction.

Cette attention regarde uniquement les Officiers ſupérieurs de chaque régiment ou bataillon, qui doivent continuellement obſerver ce qui ſe paſſe à côté ou en avant d'eux, ſuivant le point ſur lequel ils doivent ſe régler.

ARTICLE 8.

Colonne la droite en tête, arrivant par la droite du terrein qu'elle doit occuper en bataille, pour faire face à droite.

Le Commandant en chef, après avoir fait former les diviſions, s'il le juge à propos, ou au moins les pelotons, ſi la colonne marchoit par ſections, & avoir fait prendre le pas ordinaire ou le pas de manœuvre à la colonne, ou lui laiſſant continuer le pas de route, commandera :

Sur la droite en bataille.

Auſſitôt après ce commandement répété par l'Officier ſupérieur commandant chaque bataillon, chaque Officier ſupérieur commandera :

Chefs de diviſion ou *de peloton*, *à l'aile droite*.

Le chef de chaque peloton, en ſe portant à l'aile droite, commandera *tête* = *à droite*, & marchera correctement à ſon chef-de-file ; l'Officier de ſerre-file qui étoit placé à l'aile gauche y reſtera.

A l'avertiſſement ou au ſignal que fera le Commandant en chef, au chef du peloton de la tête, le chef de ce peloton tournant à droite, ſon peloton ſe conformera à ſa direction par le principe preſcrit au *Titre IX*, *article* 2, *de la marche en colonne*.

Il ſe portera en avant juſque ſur la nouvelle ligne de direction qui lui ſera indiquée par l'Adjudant placé à la droite de la nouvelle ligne.

Précédant alors ſon peloton d'un pas, en arrivant il commandera *halte*, *alig-*

nement. A ce commandement, le peloton portera l'arme & s'alignera à droite.

Le Commandant en chef indiquera ou fera indiquer à ce chef de peloton le point de direction de gauche. L'officier supérieur du bataillon veillera de la droite à ce que le premier peloton se mette exactement dans la nouvelle direction.

Le chef du second peloton de la colonne ayant continué de marcher droit en avant, & arrivant à hauteur de la file gauche du premier peloton, tournera à droite son peloton, le suivra en se conformant aux principes de la marche en colonne.

Précédant alors son peloton d'un pas, il arrivera contre & sur l'alignement du premier peloton, & commandera *halte*, *alignement*.

Au premier commandement, le peloton arrêtera & portera l'arme. Le chef de peloton se conformera pour arrêter sa troupe & pour l'aligner à ce qui est prescrit ci-après à l'*article* 10 de ce Titre, pour les alignemens successifs. Le Serre-file placé à la gauche, se conformera à ce qui est prescrit aussi à cet article pour la célérité & la sûreté de l'alignement.

Chaque chef de peloton & chaque peloton de la colonne, executera successivement ce qui vient d'être prescrit pour le premier & le second peloton, l'Officier supérieur veillant de la droite à l'alignement sur le point de direction de la gauche.

L'Officier supérieur du second bataillon de la colonne se placera d'avance au point où devra arriver la droite de son premier peloton, en observant l'intervalle du bataillon, pour veiller sur l'alignement de son premier peloton.

Ainsi de suite de peloton en peloton & de bataillon en bataillon jusqu'à ce que celui de la gauche soit formé.

Dès que le second bataillon sera aligné, le premier portera l'arme au bras au commandement de l'Officier supérieur.

ARTICLE 9.

Colonne, la gauche en tête, arrivant par la gauche du terrein qu'elle doit occuper en bataille, pour faire face à gauche.

On lui commandera:

Sur la gauche, en bataille,

ce qui s'exécutera par les mouvemens contraires, le chef de chaque peloton se portant à l'aile gauche, au lieu de l'aile droite, & commandant en arrivant sur la ligne de direction, *halte, à gauche=alignement*, & restant à la gauche de son peloton jusqu'à ce que le bataillon étant formé & aligné, l'Officier supérieur commandera, *tête à droite*. A ce commandement, le bataillon tournera la tête à droite, & chaque chef de peloton ira promptement regagner la droite de son peloton.

ARTICLE 10.

Des déploïemens des colonnes ſerrées, règles générales pour les commandemens de ces colonnes ſerrées, & principes généraux des déploïemens.

Toute troupe ſerrée en maſſe exécutera ſes mouvemens au commandement du Commandant en chef; les Officiers ſupérieurs de chaque bataillon avertiront ſeulement à demi-voix leur bataillon du mouvement qu'il aura à faire. Le chef de chaque ſubdiviſion fera ſeulement les commandemens de détail néceſſaires au mouvement particulier de chaque ſubdiviſion, leſquels ſeront preſcrits ci-après.

Le Commandant en chef déterminera d'avance, autant que les circonſtances le permettront, les points de direction de ſa droite & de ſa gauche par les moyens preſcrits à ce Titre, *article* 2.

Lorſqu'une colonne approchera du terrein ſur lequel elle devra ſe déployer, le Commandant en chef fera le commandement:

1. *A distance de section, serrez la colonne.*

2. *Marche.*

Au premier commandement répété par les Officiers supérieurs de bataillon, la colonne continuera de marcher le pas ordinaire.

Au second commandement répété par l'Officier supérieur de chaque bataillon, & par les chefs de pelotons, tous les pelotons, excepté le premier, prendront le pas de manœuvre. A mesure que chacun sera serré à distance de section, il reprendra le pas ordinaire au commandement de son chef.

Lorsque les derniers pelotons de la colonne auront serré à distance de section, le commandant en chef commandera:

1. *Formez les divisions.*

2. *Marche.*

Le premier commandement sera répété seulement par les Officiers supérieurs de chaque bataillon.

Au second commandement répété par les Officiers supérieurs de chaque bataillon &

par le chefs de peloton; les divisions se formeront ainsi qu'il est prescrit *au Titre VI, article 3 ; des manœuvres de détail.*

Les divisions étant formées, le Commandant en chef commandera:

1. *En masse, serrez la colonne.*

2. *Marche.*

Le premier commandement sera répété par l'Officier supérieur de chaque bataillon.

Au second, répété par l'Officier supérieur de chaque bataillon & par le chef de chaque division, toutes les divisions, excepté la premiere, prendront le pas de manœuvre pour serrer à deux pas de distance; les Serre-files serreront contre le troisieme rang de leur division.

Chaque division prendra le pas ordinaire au commandement de son chef, à mesure qu'elle sera serrée à la distance prescrite.

Lorsque le Commandant en chef commandera *colonne*, *halte*, toutes les divisions qui seront déjà en masse, arrêteront à son commandement, celles qui ne seront point serrées n'arrêteront qu'au commandement de leur chef à mesure qu'elles seront serrées.

Le Commandant en chef placera d'avance, si c'est une colonne composée de plusieurs régimens, deux Adjudans dans les points de direction de sa droite & de sa gauche, & il arrêtera toujours la tête de la colonne immédiatement contre ces Adjudans qui feront face à un des points de direction, & qui seront distans l'un de l'autre du front d'une division.

Si c'est un régiment seul, le Colonel placera l'Adjudant avec un bas Officier.

Toutes les fois qu'une colonne devra se déployer, l'Officier supérieur de chaque bataillon se portera à la tête de la colonne pour recevoir du Commandant en chef les points de direction, & ira promptement après rejoindre son bataillon.

Toutes les fois que la division de la tête de la colonne ne sera point division d'alignement, la division désignée aussitôt qu'elle sera démasquée, se portera au pas de manœuvre sur le terrein qu'occupoit la division de la tête de la colonne, pour se placer contre & en arriere des deux Adjudans, ou de l'Adjudant & du bas Officier placés sur les points de direction, de maniere que, l'alignement pris, les points de direction se trouvent précisément en avant du front, les Adjudans ou bas Officiers démasqueront la division aussitôt qu'elle sera alignée.

Toutes les fois que la division de la tête de la colonne sera division d'alignement, les divisions en se déployant se rapprocheront assez de l'alignement, sans cependant jamais le dépasser, pour que la division n'ait que peu de pas à faire après le commandement *halte, front*, qui sera prescrit ci-après.

Dans le cas où une division, en se déployant, se seroit approchée assez près de l'alignement, pour n'avoir qu'un ou deux pas à faire pour s'y porter, alors

alors le chef de la division, au lieu de commander, *pas de manœuvre = marche*, après avoir commandé *front*, ne commandera qu'*alignement* ou *à gauche = alignement*, suivant les circonstances.

Toutes les fois qu'une colonne aura sa droite en tête les divisions auront la tête à gauche, soit en serrant, soit après avoir serré, jusqu'au commandement *halte*, on observera l'inverse dans une colonne ayant sa gauche en tête.

Cette regle sera généralement observée, excepté dans le cas où plusieurs colonnes, marchant à même hauteur, seront obligées de se régler les unes sur les autres.

Le Commandant en chef indiquera alors de quel côté la tête devra être tournée.

Si une colonne ayant sa droite en tête, arrive par derriere la droite du terrein qu'elle devra occuper en bataille, elle se déploiera sur sa premiere division, & toute entiere par sa gauche.

Et si cette colonne avoit sa gauche

en tête, elle se déploieroit également toute entiere par sa gauche, mais sur la derniere division de la colonne.

Si une colonne ayant sa droite en tête, arrive parderriere la gauche du terrein qu'elle devra occuper en bataille, elle se déploiera sur sa derniere division, & toute entiere par sa droite.

Si cette colonne avoit sa gauche en tête, elle se déploieroit également toute entiere par sa droite, mais sur la premiere division de la colonne.

Si une colonne, ayant sa droite en tête, arrive sur une autre portion du terrein qu'elle doit occuper en bataille, le Commandant en chef désignera la division qui devra servir de division d'alignement, suivant la quantité de bataillons qui devra se porter à droite ou à gauche. Toutes les divisions de la tête, qui devront déployer par la droite, feront *à droite ;* les divisions de la queue, qui devront déployer par la gauche, feront *à gauche*, au commandement du Commandant en chef.

Et si cette colonne avoit sa gauche en tête, les divisions de la tête se déploieroient par leur gauche, & les divisions de la queue se déploieroient par leur droite.

Les déploiemens se feront toujours au pas de manœuvre.

Aussitôt que les divisions auront fait *à droite* ou *à gauche*, l'Officier de serre-file, le plus près du flanc par lequel sa division devra marcher, s'il ne s'y trouve pas d'Officier ou de bas Officier, se portera à ce flanc devant l'homme du premier rang; le chef de subdivision restant au centre; l'Officier de serre-file, comptera un nombre de pas égal au front de sa division, en commençant à compter son premier pas au commandement *halte*, fait à la division qui déploie avant la sienne. Le chef de chaque division aura attention de commander *halte*, aussitôt qu'il verra que la tête de sa division sera à hauteur du terrein qu'elle doit occuper en bataille; & les files qui auroient pu s'ouvrir ſerreront bruſquement à leur diſtance.

Le Colonel & le Major veilleront ſur le déploiement.

L'Officier ſupérieur de chaque bataillon, veillera ſur l'alignement de ſon bataillon, de la droite ſi le point de direction eſt à gauche, de la gauche ſi le point de direction eſt à droite, & du centre s'il eſt à droite & à gauche.

EXEMPLE.

Déploiement d'une colonne de deux bataillons, ayant ſa droite en tête, arrivant par le centre du errein qu'elle doit occuper après le déploiement.

Les points de direction choiſis, la compagnie de Grenadiers du premier bataillon étant arrivée contre l'Adjudant & le bas Officier, les points de direction étant indiqués aux Officiers ſupérieurs de chaque bataillon, le Commandant en chef commandera :

1. *Sur la quatrieme diviſion du premier bataillon, déployez la colonne.*

2. *A droite & à gauche.*
3. *Marche.*

Au second commandement, la compagnie de Grenadiers & les trois premieres divisions du premier bataillon feront *à droite*, la compagnie de Grenadiers se portant promptement par le flanc droit, au commandement de son Capitaine, à hauteur du flanc droit de la premiere division de Fusiliers.

Toutes les fois qu'une compagnie de Grenadiers sera à la tête d'une colonne, & que cette colonne devra se déployer par le flanc opposé à celui par lequel se sera pris le chef-de-file, les Grenadiers se porteront légérement, & au commandement, à demi-voix, du Capitaine-commandant, ou du Capitaine en second, si on est par peloton, à hauteur du flanc par lequel on déploiera.

Le second bataillon fera *à gauche* la quatrieme division du premier bataillon ne bougera pas; les Capitaine de Grenadiers du premier bataillon se placera à côté de l'homme de droite de sa compagnie, faisant face au point de direction de la droite; il choisira sur le champ quelques points intermédiaires sur le terrein, entre l'objet indiqué & lui-même.

Au troisieme commandement, toutes les divisions qui auront fait à droite marcheront par leur flanc droit; les Officiers de remplacement, placés à ce flanc, s'aligneront & observeront à gauche la distance de deux pas.

Les divisions qui auront fait à gauche, marcheront par leur flanc gauche; les Officiers de serre-file placés à ce flanc, s'aligneront & observeront leur distance à droite.

Aussitôt que la troisieme division du premier bataillon aura marché un nombre de pas égal à son front, son chef lui commandera *halte, front, tête à gauche*, en se portant un pas en avant de la gauche de sa division.

Aussitôt que la quatrieme division du premier bataillon sera démasquée, son chef, qui en commandant *tête à gauche*, se sera placé en avant de sa file gauche, aussitôt que sa division aura été désignée pour division d'alignement, commandera *pas de manœuvre=marche*, à cette division & la conduira sur la ligne de direction ; le chef de la troisieme division, attendra pour lui commander *pas de manœuvre=marche*, qu'elle soit démasquée par la seconde division ; le déploïement continuant ainsi pour chaque division de la droite, qui se portera successivement par échelons, au pas ordinaire sur le nouvel alignement.

A mesure que chaque division de droite arrivera à un pas du nouvel alignement, son chef qui, à cet instant, sera sur l'alignement, &qui aura attention de marcher jusqu'à ce qu'il apperçoive la superficie de l'alignement général, commandera à sa division, d'abord, *halte*, ensuite *à gauche=alignement* lorsqu'il se sera aligné lui-même.

Le bas Officier de remplacement qui aura conduit le flanc droit pendant le déploiement, en faisant un pas en avant, au commandement *halte*, se placera, ainsi que le chef de la division, sur l'alignement général du bataillon, de maniére à en appercevoir la superficie, afin que le chef de la division puisse aligner sa division entre lui & ce bas Officier, qui, aussitôt que la division sera alignée, se reculera à sa place ordinaire, au troisieme rang, pour laisser mettre devant lui le chef de la division suivante, qui en commandant *halte* à sa division, se placera de sa personne sur l'alignement général du bataillon, avant de commander *à gauche = alignement*, & sans avoir égard à la fausse direction en arriere qu'auroit pu prendre la division arrivée avant la sienne.

Chaque chef de division observera pour principale régle, en alignant sa troupe, de l'empêcher de déborder la ligne de direction; & dans le cas où la droite de sa division seroit restée en arriere (ce qui ne doit pas arriver si le bas Officier de remplacement est attentif à se porter sur l'alignement général du bataillon,) il raccorderoit son alignement sur le chef de la division suivante, aussitôt que celui-ci seroit placé.

La compagnie de Grenadiers du premier bataillon, aussitôt qu'elle aura démasqué la premiere division, fera *halte*, *front* au commandement de son Capitaine, lequel, après s'être porté à l'aile gauche, & s'être placé sur l'alignement général du bataillon, ainsi qu'il vient d'être prescrit pour les chefs des autres divisions, commandera, *à gauche=alignement*, en dirigeant l'alignement de sa troupe sur son bas Officier de remplacement, qui se placeroit de même de sa personne sur l'alignement général du bataillon, si la compagnie de Grenadiers étoit restée en arrière.

Ce principe doit s'observer dans tous les alignemens successifs, tant par la droite que par la gauche, afin que la fausse direction qu'auroit pu prendre un peloton ou une division, ne se communique pas sur tout le front de la ligne.

L'Officier supérieur du bataillon, en se portant à mesure le long du front, s'il est nécessaire, dirigera l'alignement de son bataillon sur le point de direction de droite; le bataillon étant aligné, les chefs de division se porteront à leur place ordinaire, au commandement *tête = à droite*, fait par l'Officier supérieur du bataillon.

Pendant que ceci s'exécutera par la droite, la premiere division du second bataillon, après avoir marché un nombre de pas égal à son front & aux six toises nécessaires pour l'intervalle entre les bataillons, fera *halte*, *front* au commandement de son chef, qui se portera un pas en avant de la droite; aussitôt il lui commandera, *pas de manœuvre = marche*, elle se redressera en marchant; la gauche soutenant un peu, pour se mettre parallelement à la nouvelle ligne de direction.

La seconde division, la troisieme, la quatrieme & la compagnie de Grenadiers, se conformeront à ce qui vient d'être prescrit pour la première division de ce bataillon.

L'Officier ou Serre-file qui aura conduit le flanc gauche de chacune de ces divisions, y compris la première, sera chargé pour la célérité & sûreté de l'alignement, de tout ce qui vient d'être prescrit au bas Officier de remplacement dans les divisions qui déploient par le flanc droit.

Toutes ces divisions en se déployant, marcheront un peu obliquement à droite, en observant sur-tout de rester toujours un peu en arriere de la nouvelle ligne de direction:

A mesure que chaque division arrivera à un pas du nouvel alignement, son chef qui, en la précédant d'un pas, se trouvera déja sur l'alignement général du bataillon auquel il se conformera, commandera à sa division, d'abord *halte*, & ensuite *alignement*, lorſqu'il ſe ſera aligné lui-même.

En alignant ſa troupe il en rectifiera l'alignement ſur le ſerre-file qui aura conduit le flanc gauche, lequel rentrera à ſa place, pour laiſſer mettre à la ſienne le chef de la diviſion ſuivante.

Le chef du ſecond bataillon dirigera l'alignement ſur le point de direction de gauche.

Lorſque la diviſion d'alignement ſe trouvera être la ſeconde ou la troiſieme diviſion d'un bataillon, ces deux diviſions devant s'aligner, l'une à droite & l'autre à gauche; comme il ſe trouveroit alors deux chefs de diviſion à côté l'un de l'autre, celui des deux dont la diviſion aura été placée la premiere, ſe reculera au deuxieme rang pour céder ſa place à celui de la diviſion qui viendra ſe placer à côté de la ſienne.

Lorſque, par la nature du mouvement, l'Officier placé à la droite de ſa diviſion pour l'aligner, ſe trouvera

couvrir

couvrir le chef de la division d'alignement qui se seroit alignée à gauche, cet Officier s'effaceroit un peu pour laisser passer le chef de la division d'alignement, lorsque, au commandement, *tête = à droite*, fait par l'Officier supérieur du bataillon, il retourneroit à sa place.

ARTICLE II.

Colonne avec la droite ou la gauche en tête, devant se déployer pour faire face du côté opposé à sa marche.

Une colonne rompue par la droite ou par la gauche, devant se déployer pour faire front par son premier rang, du côté opposé à sa marche, fera la contre-marche, soit par peloton, soit par division, mais exécutera ce mouvement avant d'avoir serré en masse.

La contre-marche exécutée, le Commandant en chef fera serrer à distance de section si la colonne marchoit avant le mouvement, avec distance entiere entre les pelotons, fera former les divisions si la colonne étoit encore par peloton, & ensuite serrer en masse.

Il fera ensuite déployer en se conformant à ce qui vient d'être prescrit.

ARTICLE 12.

Deux colonnes marchant à même hauteur pour se déployer en avant, & composées chacune de la droite & de la gauche de premiere & seconde ligne.

Si l'on marchoit sur deux colonnes composées, l'un des droites de premiere & seconde ligne, l'autre des gauches de premiere & seconde ligne, le Commandant en chef déterminera les points de direction pour la premiere ligne, indiquera la colonne sur laquelle on devra se régler, & fixera combien de bataillons de chaque colonne devront se déployer par la droite, & combien par la gauche.

Deux Adjudans chercheront aussitôt les points intermédiaires entre les points de direction, & se placeront de maniere à marquer exactement la distance nécessaire, en proportion du nombre des bataillons qui devront se déployer pour remplir le vide qui sera entre les deux colonnes.

Si la colonne de droite sert d'alignement, le chef-de-file dans les autres colonnes, se prendra par la gauche, de quelque maniere que les colonnes aient été formées, & les Commandans en chef de ces colonnes se placeront à la gauche de la division de la tête, pour la tenir alignée sur la tête de la colonne de droite. On observera l'inverse lorsque la colonne de gauche servira d'alignement.

Les têtes des colonnes de la seconde ligne, observeront pendant la marche, la distance qui leur sera prescrite, si la profondeur des colonnes de premiere ligne est moindre que la distance qui aura été déterminée entre la premiere & la seconde, & elles se déploieront parallelement à la premiere ; le reste s'exécutera comme il a été dit ci-dessus.

Si la profondeur des colonnes de premiere ligne, est plus que la distance déterminée entre les deux lignes, la tête des colonnes de seconde, joindra exactement la queue des colonnes de premiere ligne ; les colonnes de seconde ligne se déploieront en même-temps qu'elle, & les bataillons de seconde ligne se porteront bataillon par bataillon, à mesure que chacun sera déployé à la distance déterminée.

ARTICLE 13.

Colonne composée d'un plus grand nombre de bataillons.

Lorsqu'une colonne composée d'un nombre considérable de bataillons, débouchera pour aller se déployer en avant, sur une position dont les points de direction & les points où devra appuyer la droite & la gauche, auront été fixés ; on subdivisera cette colonne en plusieurs, autant qu'il sera possible, par bataillon, par régiment ou par brigade, suivant l'ordre qui en sera donné par le Commandant en chef.

La tête de chacune des portions dénommées de la colonne, sortira par les commandements & par les moyens prescrits, pour se séparer de la colonne principale, au *Titre VIII, des différentes manieres de rompre*, pour se porter diagonalement & par le chemin le plus court, sur la nouvelle ligne de direction.

PREMIERE SUPPOSITION.

Si la colonne avec sa droite en tête, débouche vis-à-vis de la droite du terrein que la ligne doit occuper en bataille, toutes les portions dénommées se dirigeront diagonalement en avant, & la tête marchera droit en avant.

DEUXIEME SUPPOSITION.

Si la colonne avec sa gauche en tête, débouche vis-à-vis de la gauche du terrein qu'elle doit occuper en bataille, toutes les portions dénommées se dirigeront diagonalement en avant, & la tête marchera droit devant elle.

TROISIEME SUPPOSITION.

Si la colonne avec la droite en tête, débouche vis-à-vis le centre du terrein qu'elle doit occuper en bataille, le bataillon, le régiment ou la brigade de la tête, & tous ceux qui précéderont le bataillon, le régiment ou la brigade qui se trouvera vis-à-vis de son terrein, laquelle marchera droit en avant, se dirigeront diagonalement vers la droite, & par conséquent en appuyant sur le côté opposé à celui qui serviroit de pivot pour se remettre en bataille; mais en observant de passer à la gauche du bataillon qui les précédoit dans la colonne, en laissant ce bataillon à leur droite.

La tête de chaque bataillon, chaque régiment ou chaque brigade, ne commencera à se diriger diagonalement, que lorsque le bataillon, le régiment ou la brigade qui précédoit dans la colonne en sera absolument séparé.

Les bataillons de la queue de la colonne, se conformeront à ce qui vient d'être prescrit dans la premiere supposition.

QUATRIEME SUPPOSITON.

Si la colonne avoit la gauche en tête, elle se conformeroit à ce qui est prescrit par des mouvemens inverses.

CINQUIEME SUPPOSITION.

Si la colonne avec la gauche en tête, arrivoit vis-à-vis la droite de son terrein, & si on vouloit la mettre en bataille par le déploiement, elle trouveroit dans la quatrieme supposition, le principe d'après lequel chaque portion dénommée devroit se déboîter de la colonne principale, pour se diriger diagonalement.

SIXIEME SUPPOSITION.

Si une colonne avec la droite en

tête, arrivoit vis-à-vis la gauche de son terrein, & si on vouloit la former en bataille par le déploiement, elle trouveroit dans la troisième supposition, en appliquant à tous les bataillons, régimens ou brigades, les moyens prescrits pour les bataillons de la tête qui précédoient la portion de la colonne qui se trouvoit vis-à-vis de son terrein, le principe par lequel chacune des colonnes devroit se diriger.

Lorsqu'on divisera une colonne en plusieurs, on multipliera en raison du nombre des colonnes, le nombre des Officiers qui devront se porter en avant sur la ligne de direction; & ces Officiers auront attention de se placer sur l'alignement, d'observer de l'un à l'autre, la distance nécessaire entre la tête de chaque colonne qui se dirigera droit sur eux.

Si ces colonnes doivent se déployer, elles serreront à demi-distance, formeront les divisions, serreront en masse en chemin, ou en arrivant sur la nouvelle ligne de direction.

ARTICLE 14.

Déploiement d'une colonne ſerrée, en commençant par placer les bataillons à côté les uns des autres, chaque bataillon reſtant en colone.

Une colonne ſerrée en maſſe, de quelque nombre de bataillons qu'elle ſoit compoſée & formée par diviſion, débouchant ſur un terrein qui manqueroit de profondeur, & qui ne permettroit pas aux bataillons de la queue de ſe porter par la diagonale ſur le nouvel alignement, ſe déploira de la maniere ſuivante.

Dans cet exemple, on a ſuppoſé une colonne de quatre bataillons.

On commencera par placer les quatre bataillons en colonne, à côté les uns des autres, par les moyens ſuivans.

Le Commandant en chef déſignera le bataillon d'alignement, dans cet exemple, ce ſera le troiſieme.

Le Commandant en chef commandera :

1. *Par bataillon en masse sur le troisieme bataillon, déployez la colonne.*

2. *A droite & à gauche.*

3. *Marche.*

Au second commandement, le premier & le deuxieme bataillon feront *à droite*, le quatrieme sera *à gauche*, & le troisieme ne bougera.

Au troisieme commandement, le premier & le deuxieme marcheront par leur flanc droit; aussitôt que le deuxieme aura démasqué le troisieme, & qu'il aura marché deux pas de plus, on lui commandera *halte*, *front*, *tête-à gauche*. L'Officier supérieur commandant le troisieme bataillon, commandera en même-temps *pas de manœuvre*, *marche*, à ce bataillon qui marchera avec la tête à gauche, il s'arrêtera & s'alignera au commandement de l'Officier supérieur, sur l'alignement du premier rang du premier bataillon, marqué par deux Adjudans.

Le deuxieme bataillon étant démasqué par le premier, avancera de même pour se porter & s'arrêter sur l'alignement.

Le premier bataillon après avoir

démasqué & marché deux pas au-delà du deuxieme, fera *halte*, *front*; *à gauche*=*alignement*, & s'alignera aux deux autres.

Le quatrieme bataillon après avoir fait *à gauche*, marchera par son flanc pour se démasquer de derriere, & deux pas par de-là le troisieme; lorsqu'il sera démasqué, son Officier supérieur lui commandera *halte*, *front*, *pas de manœuvre*=*marche*, pour le conduire & l'arrêter sur l'alignement, par les commandemens *halte*, *alignement*.

Les compagnies de Grenadiers dans les bataillons impairs, les premieres divisions dans les bataillons pairs, seront alors sur le même alignement, & seront chacune suivies par les autres divisions, dans l'ordre qu'elles ont dans les bataillons.

On conduira les quatre bataillons joints les uns aux autres à deux pas près sur le terrein sur lequel ils devront se déployer, les deux de la droite, au commandement *marche*, fait par le Commandant en chef, tourneront la tête à gauche, les deux de la gauche marcheront avec latête à droite, & le Capitaine de Grenadiers du troisième bataillon en comptant par la droite, se portera, a ucommandement *en avant*, six pas en avant pour marquer le pas. Ils feront ainsi susceptible déployés sur telle division qu'on jugera à propos suivant le terrein qu'on aura à occuper sur la droite ou sur la gauche.

Le Commandant en chef aura placé d'avance deux adjudans sur l'alignement des points de direction, de maniére que la divisiou de la tête du bataillon, dans lequel se trouvera la division d'alignement arrive contre ces deux Adjudans qui feront face à un des points de direction.

Dans cet exemple, les quatre bataillons, sont supposés arrivant sur le terrein du déploiement, n'ayant de place à gauche que pour deux bataillons; la compagnie des Chasseurs du second bataillon est par conséquent division d'alignement.

En arrivant sur le terrein où devra se faire le déployement, les quatre bataillons feront *halte*, & s'aligneront sur le centre, au seul commandement du Commandant en chef.

Le Commandant en chef veillera du centre à ce que l'alignement soit dirigé vers les points de direction.

Si la division d'alignement se trouvoit dans le bataillon de la droite ou dans le bataillon de la gauche, dans le premier cas, les quatre bataillons s'aligneroient à droite, & le Commandant en chef veilleroit de la droite à ce que l'alignement fût dirigé sur le point de direction de la gauche; dans le second cas, les bataillons s'aligneroient à gauche, & le Commandant en chef veilleroit de la gauche à ce que l'alignement fût dirigé sur le point de direction de la droite.

Les deux premiers bataillons devant, dans cette exemple, se déployer sur leur derniere division, les deux derniers sur leur premiere.

Le Commandant en chef commandera :

1. *Sur la compagnie de Chasseurs du second bataillon, de tel régiment, déployez la colonne.*
2. *A droite & à gauche.*
3. *Marche.*

Au deuxieme commandement, les deux premiers bataillons feront *à droite*, excepté la compagnie de Chasseurs du second bataillon, les troisieme & quatrieme feront *à gauche*.

Les chefs de toutes les premieres divisions, ou des compagnies de Grenadiers qui seront en tête, se porteront tout de suite au côté gauche de leur homme de droite, dans les bataillons qui auront fait *à droite*, & au côté droit de leur homme de gauche, dans les bataillons qui auront fait *à gauche*, & feront face du côté par lequel ils devront déployer, pour marcher sur les points de direction ; ils seront remplacés par le Sergent du troisieme rang.

Ils régleront le pas de leur bataillon, en ſe conformant eux-mêmes au pas de l'Officier qui conduira le bataillon qui les précede.

Au troiſieme commandement, tout ſe mettra en marche par le flanc droit & par le flanc gauche.

La compagnie de Grenadiers du troiſieme bataillon, après avoir marché un nombre de pas ſuffiſant pour donner l'intervalle du bataillon, s'arrêtera, fera *front*, & s'alignera à droite au commandement de ſon chef. Les quatre autres diviſions de ce même bataillon, ſe porteront par la ligne la plus courte ſur l'alignement ordonné; à meſure qu'elles ſe feront ſucceſſivement démaſquées, elles ſe conformeront dans chaque bataillon à ce qui a été preſcrit pour le déploiement par la gauche.

Au commandement *halte*, fait à la quatrieme diviſion du troiſieme bataillon, la premiere diviſion du quatrieme marchera ſeize pas pour donner l'intervalle du bataillon, ſon chef lui commandera *halte*, *front*, *alignement*, pour s'aligner à droite ; les autres divisions se conformeront ensuite à ce qui vient d'être prescrit pour celles du troisieme bataillon.

En même temps que ceci s'exécutera par la gauche pour le troisieme & le quatrieme bataillon, la compagnie de Chasseurs du deuxieme bataillon, qui seule n'aura pas bougé, & à laquelle son chef aura fait le commandement *tête = à gauche*, en se portant en avant de l'aile gauche, aussitôt qu'elle aura été désignée pour division d'alignement attendra qu'elle soit démasquée ; aussitôt qu'elle le sera, elle se portera avec la tête à gauche, & au commandement de son chef, sur l'alignement ordonné.

Lorsque l'Officier, qui la commandera, prononcera *marche*, le chef de la quatrieme division, qui aura commandé *halte* lorsque cette division aura marché le nombre de pas suffisant pour démasquer la compagnie de Chasseurs, commandera *halte*, *front*, *tête* =

à gauche, & attendra dans cette position qu'il soit démasqué par la troisieme division.

Ainsi de suite jusqu'à ce que la premiere division du second bataillon ait fait *halte* & *front*.

Lorsque le chef de cette division, commandera *halte*, la quatrieme division du premier bataillon marchera seize pas pour l'intervalle du bataillon, fera ensuite *halte*, *front*, *tête=à gauche*, au commandement de son chef, & se portera sur l'alignement du second bataillon lorsqu'elle sera démasquée.

Les autres divisions se conformeront à tout ce qui vient d'être expliqué pour toutes celles du second bataillon, de maniere que dans la partie qui déploiera à droite, le déploiement commencera par la derniere division, ou les Chasseurs de la queue dans chaque bataillon, tandis que dans la partie qui déploiera par la gauche, le déploiement commencera dans chaque bataillon par la division où les Grenadiers de la tête.

Chaque chef de bataillon se placera à mesure dans l'intervalle de son bataillon, dirigeant l'alignement sur les points de direction de gauche dans les bataillons qui s'aligneront à droite, & sur les points de direction de la droite dans les bataillons qui s'aligneront à gauche.

Ce déploiement, en plaçant les bataillons à côté les uns des autres, servira pour éviter l'inversion dans le cas où une colonne ayant sa droite en tête, devroit se déployer par la droite pour déborder la gauche de l'ennemi, ou, dans le cas où une colonne ayant sa gauche en tête, devroit se déployer par sa gauche pour déborder la droite de l'ennemi.

Dans chacun de ces deux cas, le déploiement commenceroit successivement dans chaque bataillon par la division de la queue.

Ce déploiement, en commençant

par placer les bataillons à côté les uns des autres, pourroit également se préparer, partant de la colonne de marche en faisant déboîter les bataillons de la colonne principale par les moyens & les commandemens indiqués à l'*article 13 de ce Titre*, avec la seule différence que chaque bataillon, après s'être déboîté, joindroit à l'intervalle près d'un peloton & deux pas, le bataillon qui le précédoit ou le suivoit dans la colonne pour marcher à sa hauteur.

Ce ne seroit alors qu'après le déboîtement des bataillons, que l'on feroit former les divisions, & serrer en masse.

TITRE XI.

De la marche en bataille.

ARTICLE PREMIER

De la marche en avant.

UNe ligne devant marcher en bataille, portera les armes; on commandera:

1. *Bataillon en avant.*
2 *Marche.*

Au premier commandement répété par l'Officier supérieur, commandant chaque bataillon, le Porte-drapeau & les trois Sergens qui forment le premier rang du peloton du drapeau, se porteront brusquement six pas en avant, & ils s'aligneront sur ceux du bataillon d'alignement, & seront remplacés par ceux du second rang; le troisieme ne bougera.

L'Officier supérieur se tiendra à pied deux pas en avant du drapeau, se portera de temps en temps sur le flanc gauche de ces quatre hommes si l'alignement vient de la droite, sur le flanc droit s'il vient de la gauche, pour voir s'ils sont à hauteur & dans la direction des quatre hommes qui sont en avant du bataillon d'alignement.

L'Officier supérieur du bataillon d'alignement, sera toujours deux pas en avant de son drapeau, & recevra l'ordre du Commandant en chef.

L'Officier supérieur dans chaque bataillon, à l'instant où le bataillon se sera mis en bataille, aura d'abord indiqué au Porte-drapeau & au bas Officier, qui doit le remplacer au premier rang & qui marque le centre du bataillon, le point de direction sur lequel il devra marcher.

Au second commandement *marche*, répété avec la plus grande rapidité, par tous les Officiers supérieurs de chaque bataillon, le demi-rang de la droite de chaque bataillon tournera la tête à gauche, & la ligne marchera en avant les armes portées.

Le Porte-drapeau s'occupant seul dans chaque bataillon, de marcher au point de direction, choisira entre l'objet indiqué & lui-même, des points intermédiaires que pourra offrir le terrein; les trois bas Officiers auront la tête tournée vers lui.

Le bas Officier de sa file qui l'aura remplacé au premier rang, en observant la distance prescrite de six pas, marchera exactement en file derriere le Porte-drapeau, de maniere que le point de direction en avant lui soit exactement caché.

Les quatre hommes qui marcheront en avant du bataillon, marcheront carrément & collés l'un à l'autre, bras à bras.

Les quatre bas Officiers du deuxieme rang qui auront remplacé au premier, & les hommes du premier rang de la section qui auront à leur droite & à leur gauche, formeront la base de l'alignement du bataillon, & se tiendront joints l'un à l'autre, bras à bras.

Chaque Officier supérieur veillera continuellement sur l'alignement & l'ensemble de son bataillon.

Si l'intervalle qui doit séparer chaque bataillon du bataillon le plus voisin du côté de l'alignement, diminue ou augmente considérablement, l'Officier supérieur fera sur le champ les commandemens:

Oblique à droite ou à gauche=marche.

A ce commandement, le bataillon marchera le pas oblique à droite ou à gauche, sans cesser de regarder le centre.

Lorsque l'intervalle sera repris, l'Officier supérieur commandera :

En avant=marche.

A ce commandement, le bataillon marchera en avant, & l'Officier supérieur lui indiquera un nouveau point de direction ; si l'intervalle n'étoit augmenté ou diminué que de deux ou trois pas, l'Officier supérieur, sans commander de marcher obliquement, avertiroit seulement le peloton du drapeau d'appuyer à droite ou à gauche, & ensuite de marcher en avant.

Si l'intervalle entre les bataillons diminuoit ou augmentoit, parce que le point de direction auroit été mal choisi, l'Officier supérieur en indiquera un nouveau un peu plus sur la droite ou un peu plus sur la gauche, & commandera.

Changez de direction, sur la droite ou sur la gauche = marche.

A ce commandement, le centre marchera le petit pas; si on doit changer de direction sur la droite, le Porte-drapeau, avançant un peu l'épaule gauche, s'y dirigera dès son premier pas; le bas Officier, qui est derriere lui, se mettra à ce nouveau chef-de-file, les files, qui sont à la gauche de la garde du drapeau, en avançant un peu l'épaule gauche, les files de droite, en reculant un peu l'épaule droite, se conformeront à ce nouvel alignement.

L'aile droite du bataillon, en cédant un peu sur la droite, se conformera successivement à ce qui vient d'être prescrit

prescrit sur les files de droite du peloton du centre: l'aile gauche du bataillon, en se rapprochant du peloton du centre, se conformera successivement à ce qui vient d'être prescrit pour les files de gauche de ce peloton.

L'aile gauche du bataillon se trouvant dans la direction du centre, l'Officier superieur commandera: *pas ordinaire═marche*.

ARTICLE 2.

Bataillon allant à la charge.

Un ou plusieurs bataillons, marchant pour attaquer, prendront, lorsque le Commandant en chef l'ordonnera, le pas de charge.

Au commandement *pas de charge═marche*, répété par l'Officier supérieur de chaque bataillon, les Tambours & la Musique d'un bataillon de chaque régiment seulement, battront & joueront *la charge*, en observant de la battre d'abord lentement, & presque dans la vitesse du pas ordinaire, l'accélérant peu à peu, mais ne changeant de mouvement tout au plus que de cent pas en cent pas, jusqu'à ce que la batterie soit à raison de cent vingt pas par minute. Le Commandant du régiment déterminera par un signal au Tambour-major, les différens dégrés d'accélération de *la marche*; il la feroit accélérer au-delà de cent vingt pas par minute, s'il le jugeoit nécessaire à la fin de la charge.

Pendant cette marche, les bataillons marcheront au moins le pas de deux pieds, regardant toujours au centre, redoublant d'attention pour ne point se serrer ni s'ouvrir, pour ne point flotter pour déterminer l'impulsion du corps constamment en avant sans tourner les épaules ni à droite ni à gauche.

On accoutumera les bataillons à marcher le pas de charge dans toutes sortes de terreins, en ayant attention d'en modérer la vitesse en raison des difficultés du terrein & de l'étendue du chemin que le Commandant se proposera de parcourir.

ARTICLE 3.

Attention du Commandant de la ligne pour l'alignement général.

Le Commandant en chef doit d'abord indiquer quel sera pendant la marche, le bataillon d'alignement.

Comme c'est ensuite par le centre des bataillons qu'est établi l'alignement général de la ligne, ce sera par la position de tous les drapeaux de la ligne, que le Commandant en chef jugera de la position particuliere de chaque bataillon dans la ligne, en abandonnant à l'Officier supérieur commandant chaque bataillon, le soin d'aligner son bataillon sur lui-même.

Il doit veiller particuliérement sur la direction du bataillon d'alignement, & faire observer au chef de ce bataillon, de raccourcir les premiers pas de sa marche, jusqu'à ce que la ligne soit en mouvement, lorsque cette ligne sera composée de plus de quatre bataillons.

S'il veut faire marcher obliquement à

droite ou à gauche, il aura attention de faire reprendre de temps en temps la direction perpendiculaire au bataillon d'alignement, afin que les autres bataillons de la ligne puissent rétablir leur alignement ou leur intervalle.

ARTICLE 4.

Attentions de Commandant du régiment dans une ligne.

Le Commandant d'un régiment dans une ligne, doit veiller à ce que l'Officier supérieur commandant chaque bataillon, exécute avec exactitude & activité tout ce qui sera ordonné; il se portera par-tout où le besoin l'exigera, & enverra ses ordres par le Major ou par l'Adjudant, par-tout où il ne pourra se trouver.

Il ne répétera point les commandemens qui passeront directement du Commandant de la ligne, au chef de chaque bataillon.

ARTICLE 5.

Attentions des Officiers supérieurs commandant chaque bataillon.

L'Officier supérieur d'un bataillon, faisant partie d'une ligne, doit répéter avec la plus grande rapidité tous les commandemens du Commandant en chef; il doit continuellement veiller à l'alignement de son bataillon, à l'ensemble du pas de son bataillon: il est en outre particuliérement chargé de tenir son bataillon à hauteur du bataillon d'alignement, sur lequel il se réglera de préférence, quand il pourra en appercevoir la direction; il n'aura point alors égard aux bataillons plus près que lui du bataillon d'alignement s'il avoient pris une fausse direction.

Chaque bataillon dans la ligne, observera sur-tout de ne jamais déborder le bataillon d'alignement; & de se tenir plutôt un peu en arriere.

L'Officier supérieur conviendra avec l'Officier placé à l'aile de son bataillon, du côté du bataillon d'alignement, d'un signal qui lui indique si l'intervalle augmente ou diminue.

ARTICLE 6.

Attentions des Chefs de pelotons, & des Serre-files & des Soldats dans la marche en bataille.

Les chefs de peloton auront continuellement l'œil sur le peloton qui sera entr'eux & le premier rang du peloton du drapeau; ils remédieront aux plus petits défauts dans l'alignement, empêcheront les Soldats de déborder, & se porteront de leur personne sur l'alignement du centre lorsque le peloton qui sera entr'eux & le centre du bataillon sera resté en arriere.

Ils marcheront correctement au même pas que le porte-drapeau & les Sergens qui seront en avant.

Les Serre-files veilleront sur le second & le troisieme rang, avertiront à demi-voix, lorsqu'ils appercevront quelque irrégularité, se tiendront toujours à deux pas de la troupe ; alignés entr'eux.

Le Soldat aura attention de ne pas avancer hors du rang, l'épaule opposée à l'alignement ; il ne débordera point son voisin de ce côté ; ne le serrera point, cédera aux mouvemens qui viendront du centre, résistera à ceux qui viendront des ailes ; marchera constamment le même pas que le Porte-drapeau & les trois Sergens qui marcheront en avant ; il aura continuellement les yeux fixés sur eux, & par conséquent la tête plus ou moins tournée pendant la marche, selon qu'il en sera plus ou moins éloigné.

ARTICLE 7.

La ligne arrêtant après avoir marché en bataille.

Lorsque la ligne devra arrêter, on commandera :

1. *Bataillon.*
2. *Halte.*

Ces deux commandemens seront répétés par les Officiers supérieurs de chaque bataillon, qui auront attention de ne répéter le second commandement que lorsque leur bataillon sera arrivé sur l'alignement.

Au second commandement, le bataillon arrêtera, & tournera la tête à droite ; le Porte-drapeau & les Sergens qui étoient en avant, rentreront brusquement à leur place, l'Officier supérieur commandera aussitôt :

Sur le centre = alignement.

En donnant au premier rang de la garde du drapeau, une direction conforme à celle du bataillon d'alignement.

Si le Commandant en chef veut donner un alignement encore plus exact à sa ligne, il fera porter quelques pas en avant ou en arriere, les quatre files de la garde du drapeau des deux premiers bataillons de la droite ou de la gauche, & les placera dans la direction qu'il aura choisie.

Aussitôt que les Officiers supérieurs de chaque bataillon verront sortir ces deux drapeaux, ils conduiront chacun leur drapeau & sa garde à la même hauteur, ayant attention de placer ces quatre files plus ou moins ſur la droite ou ſur la gauche, ſuivant qu'il faudroit augmenter ou diminuer l'intervalle.

Dès que chacun de ces petits pelotons ſera placé à hauteur & dans la direction des deux bataillons d'alignement, l'Officier ſupérieur de chaque bataillon commandera :

Sur le centre=alignement,

ſi le peloton de la garde du drapeau n'eſt placé que trois ou quatre pas en avant.

En avant=marche, halte, ſur le centre=alignement,

s'il étoit plus éloigné.

Mais ſi le peloton du drapeau étoit placé en arriere à une diſtance un peu conſidérable, on commanderoit.

Demi-tour=à droite.

En avant=marche.

Halte & demi-tour=à droite,

pour faire face en têee,

Et sur le centre = alignement.

Aussitôt que le bataillon sera aligné, son chef lui commandera :

Tête = à droite.

Le demi-rang de droite tournera la tête à droite.

L'Officier supérieur de chaque bataillon, s'occupera aussitôt d'indiquer à son Porte-drapeau un nouveau point de direction en avant, & en choisira en même temps un en arriere.

ARTICLE 8.

Passage de l'obstacle en marchant en bataille.

Toutes les fois qu'un bataillon ou une portion de bataillon fera *à droite* ou *à gauche* pour éviter un obstacle, le chef de chaque peloton, au commandement *à droite* ou *à gauche*, sortira brusquement hors du rang, pour se trouver pendant la marche de flanc contre le côté gauche de son bas Officier de remplacement si on fait *à droite*, contre le côté droit de ce même bas Officier si on fait *à gauche*.

Le Lieutenant qui se trouvera à la gauche d'un peloton, se conformera à ce qui est prescrit ci-dessus, soit qu'on marche par le flanc droit, soit qu'on marche par le flanc gauche.

Si une portion de bataillon rencontre un obstacle qui l'empêche de continuer sa marche; si c'est un peloton, deux pelotons ou trois pelotons, le chef de chaque peloton, en se portant vivement deux pas en avant & faisant face à sa troupe, commandera, si ce sont des pelotons du demi-rang de gauche.

Par le flanc droit,
Avertissement,

& tout de suite après:

Peloton=Halte, à droite, marche.

Si ce sont des pelotons du demi-rang de droite, on commandera:

Par le flanc gauche,
Avertissement,

& aussitôt après:

Peloton=Halte, à gauche, marche.

Ces trois commandemens doivent être faits & exécutés sans aucune interruption.

Au premier commandement, le peloton s'arrêtera.

Au deuxieme commandement, le peloton fera *à droite* ou *à gauche*.

Au troisieme commandement, si on a fait *à droite*, on fera *par files à gauche*; si on a fait *à gauche*, on fera *par files à droite*, le flanc suivra les trois premieres files qu'il aura devant lui, marchant de front.

Le terrein permettant à la premiere file des pelotons qui marchent par le flanc, de rentrer en ligne, le chef du peloton, dont cette file fera partie, commandera seul :

En ligne=marche.

A ce commandement, tout ce qui sera par le flanc, prendra le pas de manœuvre, le premier homme du premier rang se portera sur l'alignement du bataillon, & en reprendra le pas en regardant le drapeau; les autres en continuant de marcher en file, viendront

l'un

l'un après l'autre & de la même maniere former le premier rang.

Les Soldats du deuxieme & du troisieme rang, ne chercheront point à se placer derriere leur chef-de-file, en même temps qu'il rentre en ligne ; ils attendront, en continuant de marcher dans la file de leur rang, & sans pousser sur le premier, qu'ils aient le terrein libre.

Si l'obstacle couvre le front d'un demi-rang, l'Officier supérieur commandera, si c'est le demi-rang de droite:

Par le flanc gauche,

Avertissement,

& aussitôt après :

Demi-rang de droite=halte, à gauche, marche.

Si c'est le demi rang de gauche ;

Par le flanc droit,

Avertissement,

& aussitôt après ;

Demi-rang de gauche = halte, à droite, marche.

Le demi-rang ſuivra par le flanc les files de la garde du drapeau, qui, autant qu'il ſe pourra, reſteront attachées au demi-rang qui marchera de front.

Le terrein permettant à la premiere file de rentrer en ligne, l'Officier ſupérieur commandera :

En ligne = marche.

Ce qui marchera par le flanc, rentrera en ligne comme il a été preſcrit ci-deſſus.

Si l'obſtacle couvre plus que le front d'un demi-rang, toute cette partie ſuivra par le flanc ce qui peut marcher de front; ſi c'eſt la gauche du bataillon qui peut marcher de front, l'Officier ſupérieur commandant le bataillon, fera les commandemens ſuivans :

Par le flanc gauche.

Avertiſſement,

& auſſitôt après;

Les cinq pelotons de droite	}	=*Halte*,
ou		*à gauche*,
les trois divisions de droite,		*marche*.

Au commandement *halte*, le Porte-drapeau & les trois Sergens rentreront brusquement à leur place, afin que le commandement *à gauche*, puisse être fait aussitôt après celui *halte*.

Le chef du peloton derriere lequel marchera par le flanc ce qui n'aura pu passer, se portera quatre pas en avant pour marquer le pas.

Si au contraire la droite peut marcher de front, l'Officier supérieur commandera :

Par le flanc droit,

Avertissement,

& le reste comme ci-dessus, par les commandemens contraires.

Le chef du premier peloton de ceux qui marcheront par leur flanc, ne suivra point son peloton, mais se portera quatre pas en avant de la file gauche de la portion qui continue de marcher de front pour marquer le pas ; il aura attention de se conformer au pas de cette portion du bataillon, en commençant à le marquer.

L'obstacle passé & la premiere file trouvant jour à se mettre en ligne, l'Officier supérieur commandera :

En ligne=marche.

A ce commandement, tout ce qui sera par le flanc, prendra le pas de manœuvre & rentrera en ligne, comme il est dit ci-dessus.

Lorsque le drapeau sera rentré en ligne, l'Officier supérieur commandera *drapeau en avant.*

A ce commandement, le Porte-drapeau & les trois Sergens se porteront brusquement six pas en avant, en reprenant le pas de ce qui sera en ligne.

Aussitôt qu'ils auront repris le pas, l'Officier supérieur commandera *marche*; toute la partie qui sera en ligne tournera la tête sur le drapeau ; l'Officier qui se sera porté quatre pas en avant pour marquer le pas, rentrera à sa place ordinaire.

Si l'obſtacle couvre le front d'un bataillon, les bataillons qui ſeront à la gauche du bataillon d'alignement, paſſeront l'obſtacle par un *à droite* & *par files à gauche* ; s'ils ſont à la droite du bataillon d'alignement, par un *à gauche* & *par files à droite*, en ſe conformant pour les commandemens, pour l'exécution en rentrant en ligne, pour l'inſtant où le drapeau doit ſe porter en avant, à tout ce qui eſt preſcrit ci-deſſus.

Chaque bataillon longera l'obſtacle le plus près qu'il ſera poſſible, ſans aller chercher, à moins que cela ne ſoit indiſpenſable, le flanc du bataillon qui ſera à côté de lui.

Si l'obſtacle couvre le front de deux bataillons, alors l'un fera le paſſage de l'obſtacle *à droite*, & l'autre le fera *à gauche*.

Si l'obſtacle couvrant le front de deux bataillons, laiſſoit un débouché vers le centre de ces deux bataillons ou à peu-près, ils paſſeroient l'obſtacle à côté l'un de l'autre, & ils se remettroient en ligne, file par file, chacun de leur côté, comme il a été prescrit ci-devant, au passage de l'obstacle pour un bataillon ; en observant cependant que si les deux flancs étoient entiérement réunis en sortant du défilé, & avant de commencer le mouvement pour rentrer en ligne, ils rétabliroient leur intervalle.

Toutes les fois que le drapeau d'un bataillon d'alignement, se trouvera compris dans un passage d'obstacles, l'Officier supérieur de ce bataillon, fera baisser son drapeau, & ce signal avertira l'Officier supérieur du bataillon le plus voisin du bataillon d'alignement, que toute la ligne doit se régler sur lui jusqu'à ce que le bataillon d'alignement soit rentré en ligne.

ARTICLE 9.

Passage du défilé en avant par pelotons.

Une ligne étant en bataille, devant passer un defilé qui se présenteroit devant son front & qui pourroit contenir le front d'une division, fera *halte* si elle est en marche.

Le Commandant en chef commandera :

Passage du défilé par pelotons, de droite & de gauche.

il commandera ensuite :

Par peloton à gauche & à droite, marche, ce qui s'exécutera au commandement de l'Officier supérieur de chaque bataillon de la ligne, qui répétera :

Par peloton à gauche = marche,

dans l'aile droite :

Par peloton à droite = marche,

dans l'aile gauche :

Ce mouvement s'exécutera, ainsi qu'il est prescrit au *Titre VIII, article Premier.* excepté que les deux pelotons, qui se trouveront vis-à-vis du défilé, soit qu'ils soient du même bataillon, soit qu'ils soient de deux bataillons différens, se porteront en avant, pendant que les autres rompront deux fois l'étendue du front de deux pelotons qu'ils auront à leur droite dans la partie droite, à leur gauche dans la partie gauche : ils arrêteront, & ils porteront la tête l'un vers l'autre, au commandement particulier de leur chef.

Le Commandant en chef commandera ensuite :

1. *Colonne en avant.*
2. *Pas de manœuvre.*
3. *Marche.*

Les deux premiers commandements seront répétés de la maniere prescrite au *Titre IX, article premier.*

Au troisieme, répété de même, les deux colonnes, celle de droite avec la tête à droite, celle de gauche avec la tête à gauche, suivront chacune les deux pelotons de la tête qui entreront dans le défilé.

En se réunissant, ces pelotons marcheront à même hauteur, avec la tête au centre des deux pelotons, marqué par le bas Officier de remplacement du peloton de la colonne de gauche.

Tous les pelotons conſerveront exactement la diſtance de peloton de l'un à l'autre ; mais chaque chef de peloton, en ſe réuniſſant ſur le terrein où ſe ſeront réunis les deux pelotons de la tête avec le peloton de la colonne de gauche ou de droite, commandera celui de la colonne de gauche qui aura rompu à droite, *tête = à droite ;* celui de la colonne de droite qui aura rompu à gauche, *tête = à gauche*, pour marcher avec la tête au centre marqué par le bas Officier de remplacement des pelotons de la colonne de gauche, qui marchera, ainſi que tous ceux qui ſeront devant ou derriere lui, dans le milieu du defilé.

Chaque chef de peloton ſe tiendra à deux pas en avant du centre de ſon peloton.

Le Serre-file le plus près de la gauche, dans les pelotons de la colonne de gauche, reſtera cependant à la gauche du premier rang de ſon peloton, & la droite des pelotons de la colonne de droite, ſera appuyée, comme à l'ordinaire, par le bas Officier de remplacement de ces pelotons.

Les deux colonnes traverseront ainsi le défilé au pas de manœuvre, en suivant par les principes d'alignement toutes les différentes directions du bas Officier qui sera au centre des deux pelotons.

Si le défilé se réduisoit au point de ne plus contenir qu'un peloton de front, on romproit les pelotons dans chaque colonne, en suivant dans chacune ce qui est prescrit pour rompre les pelotons, *au Titre VI, article 3, des Manœuvres de détail*, excepté que la section extérieure dans chaque colonne, marquera le pas pour se déboîter & obliquera seule pour se doubler derriere les deux sections du centre, qui continueront de marcher droit en avant.

A l'instant où on rompra les pelotons, & où les deux colonnes devront marcher par section, le Serre-file le plus près de la droite des secondes sections de la colonne de gauche, prendra la droite de ces sections, pour marcher en file, à distance de section, derriere le bas Officier de remplacement de son peloton.

Celle des deux sections, qui précédera l'autre dans la colonne de gauche, sera appuyée à sa gauche par le Serre-file le plus près de la gauche de cette section, qui s'y placera aussitôt que la section extérieure commencera à doubler derriere sa section intérieure, afin qu'il y ait toujours un Officier ou un bas Officier sur le flanc extérieur de chaque subdivision de la colonne.

Le Serre-file le plus près de la droite des secondes sections de la colonne de droite, qui doivent précéder les premieres qui doublent derriere elles, passera à la droite de ces secondes sections pour marcher au flanc extérieur de la colonne.

Si le défilé se rétrécissoit encore, les files de droite de la colonne de droite, les files de gauche de la colonne de gauche, se conformeroient successivement, & en proportion du rétrécissement du défilé, à ce qui est prescrit au *Titre IX, de la marche en colonne.*

A mesure qu'elles pourront se reformer par section, elles se reformeront file par file, ainsi qu'il est prescrit dans ce *Titre, article* 8, *du Passage de l'obstacle*, excepté que ce sera en courant, sans commandement, & seulement à l'avertissement du Commandant de chaque section, qui doit veiller à ce que le défilé soit constamment rempli.

Les sections reformées, on reformera les pelotons dès que la possibilité s'en présentera, & les Serre-files, qui se seront déplacés pour marcher aux droites & aux gauches des secondes sections, rentreront en serre-files aussitôt que les pelotons commenceront à se reformer.

Les deux colonnes sortant du défilé,

ſi elles doivent ſe déployer ſur leur front ; marcheront aſſez en avant pour qu'entre le point où arrêtera la tête & la ſortie du défilé, il y ait de quoi contenir la totalité des deux colonnes ſerrées en maſſe, à côté l'une de l'autre.

Lorſque la tête de la colonne ſera arrivée ſur la ligne où elle devra ſe déployer, on fera arrêter la colonne par les commandemens ordinaires ; on fera enſuite ſerrer en maſſe : tous les pelotons ſerreront en maſſe.

Les deux colonnes ſe déploieront enſuite ; la colonne de droite par la droite, la colonne de gauche par la gauche, en ſe conformant à ce qui eſt preſcrit au *Titre des Déploiemens*, excepté que le déploiement ſe fera par peloton, & en obſervant que ſi la tête de la colonne eſt formée par deux pelotons de bataillons différens, un des deux rétablira l'intervalle en ſe déployant.

Si les deux colonnes en ſortant du

débouché, doivent ſe mettre en bataille ſur la droite ou ſur la gauche, de maniere qu'une des ailes appuie au défilé, on fera replacer les Officiers commandans les pelotons, comme ils doivent être lorſqu'une colonne a la droite ou a la gauche en tête: on arrêtera la tête de la colonne lorſque le dernier peloton ſortira du défilé.

Si la colonne doit faire face à droite, la colonne de droite ſe mettra à droite en bataille, & la colonne de gauche ſur la droite en bataille, ainſi qu'il eſt preſcrit au *Titre X*, après que l'Officier ſupérieur de chaque bataillon de la colonne de droite & de la colonne de gauche aura commandé:

Chefs de peloton à l'aile droite,

& qu'il aura rectifié ſes chefs-de-file.

Si la colonne doit faire face à gauche, la colonne de gauche ſe mettra à gauche en bataille, & la colonne de droite ſur la gauche en bataille, en ſe conformant à ce qui eſt preſcrit au même Titre que ci-dessus ; & après que l'Officier supérieur de chaque bataillon de la colonne de droite & de la colonne de gauche, aura commandé *Chefs de peloton à l'aile gauche*, & qu'il aura rectifié les chefs-de-file.

Les chefs de peloton en se portant à l'aile gauche commanderont :

Tête=à gauche.

Autant qu'il sera possible, on fera exécuter ces mouvemens dans des terreins qui en indiqueront l'utilité.

ARTICLE 10.

De la marche en retraite.

Lorsqu'on voudra faire marcher par le dernier rang, on commandera :

1. *Bataillon.*

2. *Demi-tour=à droite.*

Le bataillon l'exécutera en deux temps, ensuite on commandera :

3. *En avant.*
4. *Marche.*

Ces commandemens seront répétés

par l'Officier supérieur commandant chaque bataillon.

Au troisieme commandement, les quatre bas Officiers de la garde du drapeau du dernier rang devenu le premier, avanceront à quatre pas en avant des Serre-files, & seront remplacés par ceux du second rang, le troisieme ne bougera.

Le Sergent de serre-file de la garde du drapeau, se rangera pour les laisser passer, en se rapprochant des autres Serre-files de la section dont la division du drapeau fera partie.

Les bas Officiers de remplacement qui se trouvent alors devant les Capitaines, se porteront sur l'alignement des Serre-files, vis-à-vis leur place, & les Capitaines les remplaceront au dernier rang devenu le premier.

L'Officier supérieur commandant le bataillon, qui aussitôt qu'on aura fait demi-tour à droite, aura déterminé le point de direction sur lequel devra marcher le bas Officier de la file du drapeau, passera en arriere du bataillon, par la file d'Officier la plus voisine du centre.

Cet Officier s'effacera un peu pour le laisser passer.

L'Officier supérieur se portera à deux pas en avant des bas Officiers de la garde du drapeau, qui sont en avant des Serre-files, & conduira son bataillon par le dernier rang comme il l'a conduit par le premier.

Au quatrieme commandement, le bataillon marchera en avant par son dernier rang; les deux Serre-files du centre marcheront derriere l'homme de droite & l'homme de gauche des quatre bas officiers de la garde du drapeau, qui se seront portés en avant des Serre-files.

ARTICLE II.

Passage de l'obstacle en marchant en retraite.

Le passage de l'obstacle en marchant en retraite s'exécutera, ainsi qu'il a été prescrit dans la marche, par le premier rang, chaque portion de bataillon, soit, peloton, demi-rang, ou même le bataillon tout entier devant l'exécuter par les commandemens & les mouvemens inversés, pour passer & suivre toujours la portion qui se trouvera du côté du drapeau ou du bataillon d'alignement: si c'est un bataillon tout entier, les Serre-files se rapprocheront contre le premier rang.

ARTICLE 12.

Passage du défilé en retraite par files.

Si la ligne marche en retraite, & que le passage doive se faire en présence & à portée de l'ennemi, le Commandant en chef fera ses dispositions pour couvrir sa retraite par une arriere-garde; fera occuper par ses troupes postées, les deux côtés du défilé, si c'est une gorge; les haies de droite & de gauche, si c'est l'entrée d'un village; l'autre côté du ruisseau ou du ravin, si c'est un pont ou un ravin; profitera de tous les rideaux, haies, ravins qu'il pourra trouver en avant de lui & sur les flancs pour y poster des tireurs, afin de contenir

La ligne arrivera le plus près qu'il sera possible du défilé, fera *halte* & face à l'ennemi par un demi-tour à droite

Le Commandant en chef donnera ensuite ses ordres pour passer le défilé par une ou les deux ailes.

Le commandant en chef commandera:

Par files en arriere par les ailes, passez le défilé.

A ce commandement, l'Officier supérieur commandant le bataillon de l'aile droite commandera :

Par files en arriere par l'aile droite, passez le défilé.

L'Officier supérieur commandant le bataillon de l'aile gauche commandera :

Par files en arriere par l'aile gauche, passez le défilé.

A mesure que le tour de chaque bataillon de l'aile droite & de l'aile gauche, arrivera de commencer son mouvement, l'Officier supérieur de chacun de ces bataillons, fera un instant avant, les commandemens prescrits ci-dessus pour le bataillon de l'aile droite & celui de l'aile gauche.

Si le défilé se trouve vis-à-vis deux pelotons d'un même bataillon, l'Officier supérieur commandera, lorsque le tour de ce bataillon arrivera de commencer le mouvement.

Par files en arriere, par l'aile droite & par l'aile gauche, passez le défilé.

A ce commandement, le peloton de l'aile droite fera à droite au commandement de son Chef, qui venant se placer au côté gauche de sa premiere file, lui commandera, *marche* en conduisant son peloton *par files à droite*, pour longer à six pas derriere le bataillon. Les files tourneront successivement sur leur terrein sans commandement.

Le chef du peloton de gauche du bataillon de l'aile gauche, commandera *à gauche* en se portant au côté droit de sa premiere file gauche; il lui commandera *marche*, en conduisant son peloton *par files à gauche*, pour longer de même à six pas derriere le bataillon; les chefs des autres pelotons, lorsqu'il ne restera plus que trois files à se retirer du peloton qui devra les précéder, feront le commandement *à droite* ou *à gauche*, se porteront à coté de leur premiere file, qui suivra, ainsi que toutes les autres, sans autre commandement, au pas de manœuvre, & sans s'alonger, autant qu'il sera possible, les files qui seront déjà en marche.

Les deux pelotons de l'aile viendront se réunir vis-à-vis le défilé & y entreront, celui de l'aile droite *par un à gauche par files*, celui de l'aile gauche par un *à droite par files*,

Aussitôt que la premiere file sortira du défilé, le chef de peloton commandera *en ligne=marche*, ce qui s'exécutera, ainsi qu'il est prescrit au *Titre XI, article 8, du passage de l'obstacle.*

Aussitôt que le front de chaque peloton arrivera sur la nouvelle ligne dedirection, chaque chef de peloton en commandant *tête à gauche*, & se plaçant à l'aile gauche dans les pelotons de l'aile droite; *tête à droite* & se plaçant à l'aile droite dans les pelotons de l'aile gauche, tournera; celui de l'aile droite à gauche, celui de l'aile gauche à droite, en se conformant à ce qui est dit au *Titre IX article* 2, *des changemens de direction dans la marche en colonne*, pour se prolonger ensuite sur la nouvelle ligne de direction, ainsi qu'il est prescrit au *Titre X*.

Lorsque la tête des deux ailes sera arrivée au point où devra être appuyée la droite & la gauche de la nouvelle position, le Commandant en chef commandera *halte*, qui sera répété par les chefs de bataillon & de peloton; aussitôt après il fera faire la contre-marche aux pelotons de l'aile droite ou à ceux de l'aile gauche.

La contre-marche exécutée, la colonne se mettra *à droite* ou *à gauche*, *en bataille*.

Si le défilé se trouvoit vis-à-vis l'intervalle de deux bataillons, le Commandant en chef pourroit se dispenser de faire faire la contre-marche, à moins qu'il n'ut intention de se prolonger davantage par son flanc droit ou par son flanc gauche, sur la nouvelle ligne de direction.

S'il faisoit mettre en bataille, sans faire faire la contremarche, l'aile droite se mettroit à gauche en bataille, & l'aile gauche à droite en bataille.

Ce mouvemen pourra s'exécuter au pas ordinaire, pour en montrer le mécanisme aux Troupes; mais on ne l'exécutera réellement qu'au pas de manœuvre.

ARTICLE 13.

Passage du défilé en retraite par pelotons.

Si le passage doit se faire par le front d'une division, le Commandant en chef, après avoir fait arrêter la ligne & lui avoir commandé *demi-tour* = *à droite*, pour faire face à l'ennemi, commandera:

Par pelotons en arrière par les ailes passez le défilé.

A ce commandement, l'Officier supérieur commandant le bataillon de l'aile droite, commandera :

Par peloton en arriere par l'aile droite, passez le défilé.

L'officier supérieur commandant le bataillon de l'aile gauche, commandera :

Par peloton en arriere par l'aile gauche, passez le défilé.

A mesure que le tour de chaque bataillon de l'aile droite ou de l'aile gauche., arrivera de commencer le mouvement, l'Officier supérieur fera, un instant avant, les commandemens prescrits ci-dessus pour le bataillon de l'aile droite & celui de l'aile gauche.

Si le défilé se trouve vis-à-vis de deux pelotons du même bataillon, l'Officier supérieur, un instant avant que le tour de ce bataillon, arrive de commencer le mouvement, commandera :

commandera

Par pelotons en arriere, par l'aile droite & par l'aile gauche passez le défilé.

A ce commandement, le peloton de la droite fera *à droite*, au commandement de son chef, qui venant se placer au côté gauche de sa premiere file, lui commandera *marche*, en conduisant son peloton *par files à droite*, pour longer derriere le bataillon, ainsi qu'il vient d'être prescrit pour le passage du défilé, par files par les ailes.

Le chef du peloton de gauche du bataillon de l'aile gauche, commandera *à gauche*, & se portant au côté droit de la premiere file de gauche, il lui commandera *marche*, en conduisant son peloton *par files à gauche*, pour longer de même derriere le bataillon, marchant à la rencontre du peloton de l'aile droite pour se réunir vis-à-vis le défilé.

Un instant avant que la premiere file de chaque flanc de ces deux pelotons se réunisse, ils commanderont *halte*, & aussitôt *front* & *marche*, sans attendre que leurs dernieres files qui doivent ſerrer autant qu'elles le pourront, ſoient tout à-fait réunies à leur peloton.

Les deux pelotons des ailes entreront ainſi dans le défilé, en ſe conformant à tout ce qui eſt preſcrit dans le paſſage du défilé en avant par peloton.

Le chef de peloton des bataillons de l'aile gauche, qui dans le paſſage du défilé devient colonne de droite, auſſitôt après avoir commandé *marche*, commandera *tête=à gauche*.

Le Lieutenant du peloton de gauche des bataillons de l'aile gauche, qui aura marché à la tête du flanc, rentrera en ſerre-file ainſi que le Caporal qui eſt derriere lui au troiſieme rang à l'inſtant de la réunion des deux pelotons, vis-à-vis le défilé, & par conſéquent au commandement *halte*.

Le centre des deux colonnes, ſera marqué par le Sergent de remplacement des pelotons des bataillons de l'aile droite.

Les autres pelotons feront ſucceſſivement le même mouvement, la premiere file de chaque peloton marchant toujours au pas de manœuvre, quand même les dernieres files du peloton qui les précéderoit, courroient pour rejoindre leur peloton.

Les pelotons qui auront pris rang dans la colonne, s'attacheront principalement à conserver distance de peloton.

Si le défilé se trouve précisément vis-à-vis un intervalle de bataillon, les deux derniers pelotons se conformeront à ce qui est prescrit pour les autres.

Mais si le défilé se trouvoit vis-à-vis de deux pelotons d'un même bataillon, alors toutes les files de chacun de ces pelotons après avoir fait *à droite* ou *à gauche*, suivront la premiere file de leur flanc en venant tourner sur le même terrein qu'elle, & la premiere file de chacun de ces pelotons étant près de se réunir, le chef de chacun feroit les commandemens qui ont été prescrits pour les deux pelotons qui les premiers ont passé le défilé.

Si le défilé se rétrécissoit au point de ne plus contenir que le front d'un peloton, les pelotons se rompront par section, en conservant distance de section, en se conformant pour se rompre & se reformer, ou pour diminuer encore le front des sections, si le défilé se rétrécissoit davantage, à ce qui est prescrit dans ce Titre, *article 9*, *du passage du défilé en avant par peloton.*

Ces pelotons sortant du défilé, si c'est un ravin ou un ruisseau dont on veuille prolonger les bords par la droite & par la gauche, chaque peloton en arrivant sur la nouvelle ligne de direction, se conformera à ce qui a été prescrit pour passer le défilé en arriere par files & par les ailes.

Si au contraire la colonne doit continuer sa marche, elle la continuera dans le même ordre dans lequel elle a passé le défilé.

Si l'ennemi passoit le défilé, & si la colonne devoit se mettre en bataille pour lui faire face, on lui commandera *halte*; on fera faire en même temps la contre-marche à chaque peloton des deux colonnes, & aussitôt serrer en masse.

Si par la position du défilé une colonne se trouvoit plus courte que l'autre, après avoir fait la contre-marche, celle des deux qui se trouveroit en arriere, se porteroit au pas de manœuvre, en serrant en masse, à hauteur de l'autre; après quoi ces deux colonnes se déploiceront, celle de droite par sa droite, celle de gauche par sa gauche, en se conformant à ce qui est prescrit dans ce Titre, *article 9, du passage du défilé en avant par peloton.*

TITRE XII.

Du passage des lignes.

ARTICLE PREMIER.

Du passage des lignes & formation de chaque bataillon de seconde ligne en colonne.

LA seconde ligne étant en bataille derriere la premiere, à la distance qui aura été déterminée par le Commandant en chef, si la premiere ligne se trouve dans le cas de recourir à l'appui de la seconde, la seconde préparera pour la retraite de la premiere, des intervalles assez grands pour que la seconde ne puisse en aucune maniere, être gênée dans ses mouvemens par le désordre qui pourroit exister dans la premiére.

Cette premiere ligne ne devant avoir dans cette circonstance, d'autre mouvement à exécuter que le demi-tour à droite, & d'autre attention que celle de se retirer le plus doucement & le plus en ordre qu'il sera possible, afin d'en imposer à l'ennemi; la seconde devant se replier sur elle-même, de maniere à ce qu'elle puisse revenir dans son ordre naturel par le mouvement le plus prompt qu'il sera possible, se formera en colonne dans chaque bataillon, par les commandemens & les moyens suivans.

L'Officier supérieur de chaque bataillon, voyant le bataillon de premiere ligne qui se trouvera précisément devant le sien, dans la disposition de se retirer, soit volontairement, soit forcément, commandera:

1. *Par peloton de droite & de gauche sur le centre en colonne.*

2. *A gauche & à droite.*

3. *Marche.*

Au premier commandement, le chef du peloton de gauche du demi-rang de droite, & le chef du peloton de droite du demi-rang de gauche, ne bougeront pas; mais ces deux pelotons qui devront former la tête de la colonne, s'aligneront l'un sur l'autre, chacun au commandement de leur chef: le peloton du demi-rang de droite tout entier à gauche, celui du demi-rang de gauche tout entier à droite, y compris le drapeau & sa garde, dans quelque peloton qu'il se trouve.

Le chef de chacun des autres pelotons de chaque demi-rang, se portera en même-temps au centre de son peloton.

Au second commandement, les deux pelotons du centre qui devront former le tête de la colonne ne bougeront pas ; mais le chef du peloton de droite du demi-rang de gauche, se portera à la gauche du premier rang de son peloton, & sera remplacé à la droite, par son bas Officier.

Tous les autres pelotons du demi-rang de droite, & tous les autres pelotons du demi-rang de gauche, feront ; ceux du demi-rang de droite, *à gauche* ; ceux du demi-rang de gauche, *à droite* ; & les quatre premieres files du flanc de chaque peloton, se déboîteront brusquement en arriere, la premiere file de toute l'épaisseur des trois rangs, la seconde un peu moins, la troisieme encore un peu moins, la quatrieme ne faisant qu'avancer un peu l'épaule.

En même-temps le chef de chacun des pelotons qui auront fait à gauche ou à droite, se portera au côté droit de sa premiere file gauche, dans les pelotons du demi-rang de droite, au côté gauche de la premiere file droite, dans les pelotons du demi-rang de gauche.

Au troisieme commandement, tous les pelotons, excepté les deux du centre qui devront avoir la tête de la colonne, marcheront au pas de manœuvre pour se placer chacun à distance de section, derriere le peloton de leur demi-rang.

Chaque peloton du demi-rang de droite & chaque peloton du demi-rang de gauche, en se réunissant avec le peloton correspondant de l'autre demi-rang, sera arrêté par son chef qui commandera *halte, front, à gauche = alignement* ou *alignement* : les deux pelotons s'aligneront l'un sur l'autre, le centre de chaque subdivision de la colonne sera marqué par le bas Officier de remplacement des pelotons du demi-rang de gauche.

Le chef de chaque peloton, aussitôt qu'il aura commandé *à gauche = alignement* ou *alignement*, se portera au flanc extérieur de son peloton, ceux du demi-rang de droite au flanc droit, ceux du demi-rang de gauche au flanc gauche.

Les Grenadiers dans les premiers bataillons, les Chasseurs dans les seconds, lorsqu'il ne leur sera point fixé de destination particuliere par l'Officier supérieur de leur bataillon, suivront le mouvement de leur demi-rang; mais quoiqu'ils se déboîtent ainsi que les autres pelotons de leur demi-rang, pour marcher par le flanc avec plus d'aisance, en prenant rang à la queue de la colonne & à distance de section, ainsi que les autres subdivisions, ils couvriront la derniere subdivision de tout leur front, & se placeront sur le même alignement au commandement *halte, front, à gauche = alignement* ou *alignement*, qui sera fait par le chef de chaque peloton de Grenadiers ou de Chasseurs.

Le Capitaine commandant & le Capitaine en second se placeront aussitôt après au flanc extérieur de leur peloton, le bas Officier de remplacement du second peloton, marquera le centre de la compagnie & s'alignera en file à distance de section, sur tous les autres bas Officiers de remplacement des pelotons du demi-rang de gauche.

La compagnie de Grenadiers étant moins nombreuse que les autres subdivisions de la colonne, se trouvera débordée par sa droite & par sa gauche, de la moitié du nombre de files que ces subdivisions auront de plus.

Chaque peloton de la compagnie de Grenadiers & chaque peloton de la compagnie de Chasseurs, appartiendra alors au demi-rang derriere lequel il se trouvera; & si l'Officier supérieur du bataillon jugeoit à propos de les porter à la tête de la colonne, soit pour les placer tout-à-fait en avant, soit pour les placer à hauteur de la premiere subdivision & sur le même alignement, ils y marcheront en se partageant, chaque peloton passant à la droite & à la gauche de la colonne.

Les Tambours suivront la queue de la colonne.

Si l'Officier supérieur vouloit placer

les Grenadiers ou les Chasseurs à la tête de la colonne, il commanderoit avant de faire former la colonne, *Grenadiers* ou *Chasseurs, à la tête de la colonne;* la colonne se formant, les Grenadiers ou Chasseurs marcheroient par le flanc, à la tête de la colonne.

ARTICLE 2.

Colonne se formant par section de pied-ferme.

Si la premiere ligne étoit tellement en désordre qu'il fût nécessaire de lui préparer de plus grands intervalles; la colonne étant formée par peloton, ainsi qu'il vient d'être prescrit ci-dessus, se formeroit par section de pied-ferme.

L'Officier supérieur du bataillon commandera :

1. *Colonne par section.*
2. *Sections extérieures à gauche & à droite.*
3. *Marche.*

Au premier commandement, les Serre-files de

de toutes les subdivisions de la colonne serreront contre le troisieme rang.

Au second commandement, les sections extérieures feront *à gauche* dans le demi-rang de droite, *à droite* dans le demi-rang de gauche, & les quatre premieres files de chaque section extérieure se déboîteront en arriere, ainsi qu'il a été prescrit ci-dessus.

Le Serre-file le plus près du flanc droit, dans les sections extérieures du demi-rang de gauche se placera devant la premiere file de chacune de ces sections extérieures, pour la conduire.

Le Serre-file le plus près du flanc gauche des sections extérieures du demi-rang de droite, se placera de même devant la première file de chacune de ces sections extérieures pour la conduire.

Au troisieme commandement *marche*, les sections extérieures doubleront, à deux pas derriere la seconde section dans le demi-rang de droite, derriere la premiere dans le demi-rang de gauche.

A l'instant de la réunion de chaque section extérieure de chaque demi-rang, le chef du peloton de chacune, qui suivra leurs mouvemens, sans cependant se placer à leur centre, leur commandera : *Halte*, *front*, *à gauche* = *alignement* ou *alignement* ; ces deux sections s'aligneront sur le centre des deux sections ; & en faisant ce dernier commandement, le chef de peloton se portera au premier rang du flanc extérieur de celle de ses deux sections qui précédera l'autre.

Au commandement *halte*, le Serre-file qui aura conduit le flanc gauche de la section extérieure du demi-rang de droite, rentrera en serre-file.

Le Serre-file qui aura conduit le flanc droit de la section extérieure du demi-rang de gauche, restera à ce flanc pour marquer le centre des deux sections.

Au même commandement *halte*, le Serre-file le plus près du flanc gauche des sections doublées du demi-rang de gauche, se portera au premier rang du flanc extérieur de ces sections.

Le flanc extérieur des sections doublées

du demi-rang de droite, sera appuyé au premier rang par le bas Officier de remplacement qui étoit derriere le chef du peloton ; ce bas Officier aura suivi, pendant le doublement, la derniere file de cette section.

La distance de section qu'avoit chaque premier rang entre les différentes subdivisions de la colonne, sera alors diminuée de l'épaisseur des sections qui auront doublé, & des deux pas d'intervalle que ces sections conserveront entr'elles & la section de leur peloton qui les précédera.

ARTICLE 3.

Colonne se reformant par peloton de pied-ferme.

Lorsque la colonne devra se reformer par peloton, l'Officier supérieur commandera :

1. *Colonne, par peloton.*
2. *Sections doublées = à droite & à gauche.*
3. *Marche.*

Au second commandement, les sections doublées du demi-rang de droite, feront *à droite*, les sections doublées du demi-rang de gauche feront *à gauche*.

Au troisieme, elles marcheront par leur flanc droit & par leur flanc gauche, un nombre de pas égal à l'étendue de leur front. Elles seront arrêtées par le chef de chaque peloton, qui se prolongeant en même temps qu'elles pour aller prendre sa place au flanc extérieur, leur commandera : *Halte*, *front*, *à gauche* = *alignement* ou *alignement*.

A ce dernier commandement, les sections extérieures s'aligneront sur les sections intérieures qui n'auront pas bougé.

Le chef du peloton qui se sera prolongé sur l'alignement des sections intérieures, prendra alors au flanc extérieur de son peloton, la place du bas Officier qui reculera au second rang dans les pelotons du demi-rang de droite, la place du Serre-file, qui se remettra à sa place ordinaire dann les pelotons du demi-rang de gauche.

L'Officier de serre-file qui étoit placé au flanc droit des sections doublées pour marquer le centre de la colonne, rentrera alors à ſa place ordinaire.

ARTICLE 4.

Colonne ſe formant par ſection en marchant.

Si ce doublement des ſections devoit s'exécuter en marchant, l'Officier ſupérieur du bataillon commandera :

1 *Colonne, par ſection.*

2 *Sections extérieures = marche.*

Au ſecond commandement, les ſections extérieures du demi-rang de droite doubleront à deux pas, par le pas oblique à gauche, les ſections extérieures du demi-rang de gauche doubleront à deux pas par le pas oblique à droite : ces ſections marqueront le pas juſqu'à ce qu'elles ſoient déboîtées, & prendront le pas oblique au commandement de leur chef.

Les Officiers & les Serre-files déſignés dans l'article précédent, ſeront également chargés du commandement ou de la conduite de ces ſections juſqu'à leur réunion, & après la réunion des ſections, ceux des Officiers ou Serre-files qui ont été déſignés, occuperont les places qui leur ont été assignées dans le doublement de pied-ferme.

ARTICLE 5.

Colonne se reformant par peloton en marchant.

Si le dédoublement des sections doit s'exécuter en marchant, l'Officier supérieur commandera :

1 *Colonne, par peloton.*

2 *Sections doublées = marche.*

A ce commandement, les sections doublées marcheront ; celles du demi-rang de droite, obliquement à droite ; celles du demi-rang de gauche, obliquement à gauche.

Pendant qu'elles marcheront ainsi obliquement, le chef de chaque peloton quittera sa place pour gagner le flanc extérieur des sections doublées qui se dédoubleront, il leur commandera un instant avant qu'elles se soient démasquées, *en avant.*

Ces sections se réuniront alors en pressant le pas s'il est nécessaire, aux sections intérieures qui auront continué de marcher droit en avant & dont elles reprendront le pas ſans commandement.

Au commandement *Marche*, les Serre-files qui marchoient au flanc des ſections de demi-rang de gauche, rentreront à leur place ; tous les Serre-files qui avoient ſerré contre le troiſieme rang, marcheront alors à deux pas comme à l'ordinaire.

La diſtance de ſection ſe trouvera rétablie entre toutes les ſubdiviſions de la colonne.

Les Grenadiers & les Chaſſeurs, s'il ne leur a pas été fixé de deſtination particuliére, ſe conformeront à tous les mouvemens de la colonne.

ARTICLE 6.

Déploiement de la colonne en faiſant feu des deux pelotons de la tête.

Toutes les fois que cette colonne devra ſe déployer, ſi elle eſt par peloton, elle ſerrera en maſſe, l'Officier ſupérieur fera le commandement : *en maſſe, Serrez la colonne, marche* ; & lorſque la colonne sera serrée en masse, il commandera,

1 *Sur le centre, déployez la colonne.*

2 *A droite & à gauche.*

3 *Marche.*

La colonne se déploiera par la droite & par la gauche, en se conformant à ce qui est prescrit au *Titre XI, article 9, du passage du défilé en avant par peloton.*

Cette colonne en se déployant, pouvant être dans le cas de se servir de son feu, à mesure que chaque peloton sera déployé, les chefs de peloton en commandant *à gauche=alignement* ou *alignement*, se reporteront du centre de leur peloton où ils seront restés en suivant le déploiement, à leur place ordinaire; & si le feu avoit déjà commencé par l'ordre de l'Officier supérieur du bataillon, dans les deux pelotons du centre qui n'auroient pas eu à bouger, le chef de chaque peloton après avoir commandé *à gauche=alignement*, ou *alignement* & s'être reporté à sa place, commandera ;

Feu de file.

Et passant aussitôt à la place qui lui est destinée dans les feux, il commandera:

Peloton=armes.

Commencez le feu.

Le feu de file commencera par la droite de chaque peloton.

Les Grenadiers & les Chasseurs se déploieront sans se partager, pour aller gagner leur place ordinaire, à la droite ou à la gauche du bataillon.

Les Grenadiers auront par conséquent fait *à droite*, & les Chasseurs *à gauche*, au commandement *à droite & à gauche*, de l'Officier supérieur.

Si la colonne à l'instant où elle devroit se déployer, se trouvoit formée par sections, les sections se dédoubleroient, ainsi qu'il vient d'être prescrit, soit de pied-ferme, soit en marchant,

Si le mouvement se fait de pied-ferme, la colonne serrera en masse aussitôt après que les sections seront dédoublées; si le dédoublement s'est fait en marchant, la colonne à l'instant où elle sera par peloton & où elle devra se déployer, serrera en masse, arrêtera & déploiera ou arrêtera, serrera en masse & déploiera.

ARTICLE 7.

Colonne marchant par le flanc droit ou par le flanc gauche.

Si l'Officier supérieur commandant le bataillon, prévoyoit que la colonne dût marcher par un de ces flancs, il la feroit former par section, ainsi qu'il a été prescrit ci-dessus; & à l'instant où elle devroit marcher par le flanc, si c'étoit par le flanc droit : il commanderoit;

1. *Par le flanc droit.*
2. *Colonne=à droite.*

La colonne feroit *à droite*, & les Officiers ou bas Officiers placés à la file extérieure du flanc droit, se mettroient au côté gauche de leur premiere file.

Si la colonne devoit marcher par son

flanc gauche, l'Officier supérieur commanderoit :

1 *Par le flanc gauche.*

2 *Colonne = à gauche.*

La colonne feroit *à gauche*, & les Officiers & bas Officiers placés à la file extérieure du flanc gauche, se placeroient au côté droit de leur premiere file.

Au commandement, *colonne en avant = marche*, la colonne marchera par le flanc droit ou par le flanc gauche; si elle marche par le flanc droit, le flanc devenu premier rang s'alignera à gauche, toutes les sections se rapprocheront, en marchant, de la tête de la colonne, pour ne laisser entre chacune que la place nécessaire pour l'Officier ou bas Officier, qui marchera à côté de la premiere file.

Si la colonne marche par le flanc gauche, au commandement, *colonne en avant = marche*, le flanc devenu premier rang s'alignera à droite, &

les ſections ſe rapprocheront en marchant de la tête de la colonne.

ARTICLE 8.

Colonne marchant de front après avoir marché par le flanc, & rétabliſſant ſes diſtances.

Lorſque la colonne après avoir marché par flanc, devra marcher par le front, l'Officier ſupérieur commandera :

1. *Colonne = halte.*
2. *Front.*
3. *Marche.*

La colonne arrêtera, fera front, marchera en avant avec la tête au centre, & les diſtances ordinaires ſe rétabliront par le commandement de l'Officier ſupérieur qui commandera :

Colonne avec diſtance = marche.

A ce commandement, les quatre ſections de la tête de la colonne continuant de marcher, toutes les autres ſubdiviſions de la colonne marqueront le pas, les ſections doublées de la tête de la colonne, reprendront en ratcourciſſant le pas, mais ſans le marquer, leur diſtance de deux pas.

Lorſque le bas Officier de remplacement placé au centre de chaque ſubdiviſion de la colonne, verra rétablie la diſtance de ſection qu'il doit obſerver, entre lui & le bas Officier de remplacement des ſections intérieures qui n'ont point doublé, il marchera en avant en marquant davantage le premier pas, chaque ſection doublée ſuivra le mouvement de ſon peloton à ce premier pas, & ne rétablira ſa diſtance de deux pas qu'inſenſiblement en continuant de marcher; les diſtances ſe rétabliront ainſi de la tête à la queue dans chaque ſubdiviſion & ſans autre commandement.

De quelque maniere que la colonne ſoit formée, elle exécutera tous ſes mouvemens au commandement de l'Officier ſupérieur du bataillon : les chefs de peloton & les Serre-files, feront ſeulement dans les circonſtances qui ont été indiquées, les commandemens de détail qui leur ont été prescrits.

Tous les Officiers de l'intérieur de la colonne, veilleront au bon ordre, à l'exécution des commandemens, & à ce que les rangs & les files ne se confondent point.

ARTICLE 9.

Attentions de l'Officier supérieur pour conduire la colonne de seconde ligne.

La colonne étant formée, l'Officier supérieur se conduira ensuite suivant les circonstances & suivant l'ordre qui lui aura été donné par le Commandant en chef de la seconde ligne, soit pour marcher au pas de charge au-devant de la premiere ligne si elle est suivie, pour passer au travers d'elle, ou par un intervalle, & charger sans différer ce qui se présenteroit, soit en arrêtant & attendant dans cette position que la colonne soit dépassée par la première ligne pour la déploier sous la protection du feu de file des deux pelotons de la tête qui n'auront point à bouger pendant le déploiement, ſoit pour ſe porter au pas de charge ſur le débouché ou le retranchement que la premiere ligne n'auroit pu forcer, ſoit en marchant par ſon flanc droit ou par ſon flanc gauche pour charger le flanc des Troupes qui, en ſuivant la premiere ligne, eſſaieroient de pénétrer dans les intervalles qu'auroit laiſſé la ſeconde pour le déblai de la premiere.

Enfin l'Officier ſupérieur de chaque bataillon, ſuivra ce que lui dictera ſon courage & la circonſtance, pour achever ce que la premiere ligne n'auroit pu faire, ou pour la ſecourir, & lui donner le temps & la facilité de ſe rallier.

Si la premiere ligne ſe retiroit en ordre, & ſi la tête du bataillon de deuxieme ligne ſe préſentoit vis-à-vis une portion du bataillon de premiere ligne, la diviſion ou peloton du bataillon de premiere ligne, qui feroit obſtacle à la tête de la colonne de ſeconde ligne, ſe partageroit par le pas oblique pour doubler le peloton ou la section de droite derriere le peloton ou la section de sa droite, le peloton ou la section de gauche derriere le peloton ou la section de sa gauche.

Ces deux pelotons ou ces deux sections se doubleront ainsi : ils rentreront en ligne après avoir dépassé la colonne par les mouvemens contraires, chacun au commandement du chef du peloton ou de la section.

Cette disposition de seconde ligne en colonne, pourra également se prendre dans les bataillons de premiere ligne, soit pour pénétrer dans un débouché qu'ils auroient devant eux, soit pour forcer certaines parties d'un front d'attaque, & en éviter d'autres qui seroient plus difficiles à forcer, soit pour suivre la ligne ennemie qui auroit plié.

Cette disposition pourroit se prendre encore sur tout le front d'une ligne qui devant se retirer en conservant cependant, à tous inſtans, la poſſibilité de ſe déployer pendant ſa retraite, acquerroit dans cette diſpoſition plus de facilité pour accélérer ſa marche, & pour ſe déploier au moment où elle pourroit avoir beſoin de ſon feu.

Dans le cas où cette colonne devroit être employée en retraite, elle ſeroit formée de même : mais elle feroit demi-tour à droite après s'être formée, & marcheroit par le dernier rang.

L'Officier ſupérieur de chaque bataillon, ſe tiendroit cependant derriere le premier rang devenu le dernier, pour être plus à portée de juger des mouvemens de l'ennemi.

Cette diſpoſition pouvant être utile dans une infinité de circonſtances, & devant être employée dans des momens quelquefois très-urgens, on accoutumera les bataillons à la prendre, & à revenir par le déploiement dans l'ordre naturel, avec la plus grande vivacité, ſoit ſans tirer, ſoit en faiſant exécuter le feu de files aux deux pelotons du centre, qui forment la tête de la colonne, & successivement à chacun des pelotons, à mesure qu'ils seront déployés.

TITRE XIII.

Principes généraux des mouvemens des lignes, pour changer leur position.

ARTICLE PREMIER.

Mouvemens d'un ou deux bataillons en bataille, pour changer leur position.

Un ou deux bataillons devant inopinément changer leur position, rompront à droite ou à gauche, suivant qu'ils devront prendre une position dont la nouvelle ligne de direction tombera vers leur droite ou vers leur gauche.

Ils se conformeront ensuite à ce qui a été prescrit au *Titre X, articles* 3, 4, 5 ou 6, suivant le côté par lequel ils devront faire face, & suivant que par la nature du mouvement ils entreront dans la nouvelle ligne de direction, pardevant ou parderriere cette nouvelle ligne.

Si cette nouvelle position se trouve précisément tomber sur l'extrémité de la droite ; & si on doit faire face à droite, ou sur l'extrémité de la gauche & si on doit faire face à gauche ; la droite ou la gauche restant toujours appuyée au même point ; alors l'Officier supérieur du bataillon qui se trouvera le plus près de la nouvelle ligne de direction ; après avoir fait rompre par les commandemens prescrits au *Titre VIII*, commandera ; *Peloton de droite* ou *de gauche*, ne bouge ; à cet avertissement ; le chef de ce peloton commandera, *à droite* = *alignement* si on a rompu à droite ; *à gauche* = *alignement* si on a rompu à gauche, & le reste du bataillon se conformera pour les commandemens & l'exécution, à ce qui est prescrit au *Titre X*, *article 3* ou 5 ; pour les derniers pelotons d'un bataillon, dont un ou plusieurs pelotons ſe trouvent déjà ſur la ligne de direction.

Le bataillon qui en ſera le plus éloigné ſe portera en colonne en ſe déboîtant diagonalement en avant ; lorſqu'il arrivera près de la nouvelle ligne, il ſe conformera à ce qui eſt preſcrit au *Titre X art.* 3, ou 5, ſuivant la nature du mouvement.

Si la nouvelle ligne de direction tombant ſur l'extrémité de la droite, on doit faire face à gauche ; ou ſi tombant ſur l'extrémité de la gauche, on doit faire face à droite, de maniere que la droite ou la gauche du bataillon ne change point de terrein ; alors l'Officier ſupérieur du bataillon qui ſe trouvera le plus près de la nouvelle ligne de direction, avant de faire rompre, par les moyens preſcrits au *Titre VIII*, placera le peloton de l'aile droite ou de l'aile gauche, ſur la nouvelle direction par les principes de l'alignement ; il fera rompre enſuite, & ſe conformera, pour les commandemens & l'exécution, à ce qui est prescrit au *Titre X*, *article* 4 ou 6, pour faire arriver les pelotons par le flanc sur la nouvelle ligne de direction.

Le bataillon qui se trouvera le plus éloigné de la nouvelle direction, l'y portera en colonne, en se déboîtant diagonalement en arriere, & en arrivant sur cette nouvelle direction, il se conformera à ce qui est prescrit au *Titre X*, *article 4* ou 6.

Nota. *On peut voir sur la* Planche XIII, figure premiere, *le mécanisme de ces mouvemens, en prenant pour le changement de front à droite, la partie gauche de cette figure qui, en se portant en avant, manœuvre par sa droite; & pour le changement de front à droite en arriere, la partie droite qui, en se portant en arriere, manœuvre par sa gauche.*

Si en manœuvrant par l'aile droite pour faire face à droite ou à gauche, ou si en manœuvrant par l'aile gauche, pour faire face à gauche ou à droite, on doit se prolonger sur la nouvelle ligne de direction, alors le peloton de l'aile rompra comme les autres, l'Officier supérieur du bataillon de droite si on a rompu à droite, celui du bataillon de gauche si on a rompu à gauche, commandera, dans la premiere suppositi on *Chefs de peloton à l'aile gauche;* dans la seconde supposition, *Chefs de peloton à l'aile droite.*

Aussitôt après que les chefs de peloton seront placés, l'Officier supérieur indiquera au chef de peloton de l'aile par laquelle s'exécutera le mouvement, le point sur lequel il devra se diriger, & commandera ensuite :

Par bataillon en avant ou en arriere en colonne = marche.

Le chef du peloton de l'aile se dirigera en avant ou en arriere, suivant le commandement sur la nouvelle ligne de direction, & les autres pelotons le suivront en venant tourner sur le même terrein par les principes de la marche en colonne ; le bataillon de gauche, si on manœuvre par l'aile droite, le bataillon de droite si on manœuvre par l'aile gauche, se déboîtera diagonalement en avant ou diogonalement en arriere, suivant le commandement fait au bataillon qui s'est trouvé le plus près de la nouvelle ligne; en observant cependant que son premier peloton ne s'éloigne pas trop du dernier peloton de l'autre bataillon, afin de pouvoir sans perdre sa distance, entrer à sa suite sur la nouvelle ligne de direction s'il continue de s'y prolonger; dans ce cas, l'Officier supérieur du bataillon feroit placer les chefs de peloton sur l'aile du côté du chef-de-file avant d'arriver sur cette nouvelle ligne.

Si lorsque le peloton de la tête arrêtera, tous les pelotons faisant partie du même bataillon ne sont point encore entrés dans la nouvelle ligne de direction, l'Officier supérieur de ce bataillon, se conformera pour les commandemens & l'exécution, à ce qui est prescrit au *Titre X*, *articles* 3, 4, 5 ou 6, suivant la nature du mouvement; pour faire arriver ces pelotons par le flanc sur la nouvelle ligne de direction.

Le bataillon qui, après s'être déboîté, marchoit cependant, sans s'écarter sensiblement de la direction des derniers pelotons, prendra alors une nouvelle direction, afin de se tenir toujours à même distance des derniers pelotons qui entrent par le flanc.

Si un ou deux bataillons se trouvoient tellement pressés par la circonstance qu'ils n'eussent pas le temps d'exécuter leur changement de front, le bataillon qui se trouveroit le plus près de l'ennemi se romproit par division, serreroit en masse pour charger l'ennemi aussitôt après, ou pour attendre dans cette position en faisant feu de sa division de tête.

Le second bataillon romproit de même, serreroit promptement en masse, & arriveroit également au grand pas de manœuvre pour venir secourir le premier attaqué.

Si l'Officier supérieur du bataillon

le plus près de l'ennemi après avoir ſerré en maſſe, croyoit avoir beſoin de ſon feu, & avoir le temps de ſe déployer, il ſe conformeroit à tout ce qui eſt preſcrit *au Titre X, article 10., des Déploiements.*

Un bataillon ſeul pourroit encore changer ſon front ſur le même terrein, en donnant peu-à-peu & inſenſiblement, une nouvelle direction à ſon peloton de droite ou de gauche, ou même à ſon peloton du centre, ce qui raccourciroit le mouvement de moitié.

Chaque peloton ſe conformeroit à meſure & ſucceſſivement, mais avec la plus grande célérité à cette nouvelle direction, par les principes d'alignement.

Dans ces circonſtances imprévues, le ſuccès du mouvement dépend du coup-d'œil & de la préſence d'eſprit du Chef, qui ſait ſaiſir à propos l'inſtant & le moyen le plus convenable à ſa poſition; il dépend enſuite de la fermeté, de l'attention & de la prompte obéissance qu'il trouve dans la troupe qu'il commande.

ARTICLE 2.

Des différentes positions qu'une ligne en bataille peut occuper.

Les différentes positions qu'une ligne en bataille peut être dans le cas d'occuper, reintrent toutes, sans exception, dans un des quatre premiers exemples du *Titre X, articles* 3, 4, 5 & 6, *des différentes manieres de se mettre en bataille ;*

SAVOIR,

Colonne avec la droite en tête, arrivant par-derriere ou par-devant la ligne de direction, *articles* 3 & 4 ; colonne avec la gauche en tête, arrivant par-derriere ou par-devant la ligne de direction, *articles* 5 & 6.

Ainsi en appliquant à chacune de ces quatre suppositions les moyens indiqués, soit pour les pelotons dans l'instant où il leur est prescrit d'entrer par le flanc dans la nouvelle direction ;

ſoit pour les bataillons entiers dans l'inſtant où il leur eſt preſcrit de ſe déboîter de la colonne principale, au moment où cette colonne arrête; ſi les uns ou les autres ne ſont point dans la nouvelle ligne de direction, il n'eſt aucune poſition qu'une ligne ne puiſſe prendre en avant ou en arriere de ſon front, en reſtant de pied-ferme ou en ſe prolongeant par une de ſes ailes ſur la nouvelle ligne de direction, pour faire face à droite ou à gauche.

L'application de ces quatres exemples deviendra plus ſenſible encore, en expliquant que toutes les fois que la ligne de direction de la nouvelle poſition paſſera par l'extrémité de la droite ou au-delà de la droite, la ligne rompra & manœuvrera par ſa droite.

Elle arrivera alors avec la droite en tête, par-derriere la ligne de direction ſi elle doit faire face à droite, & chacun des bataillons ſe déboîtera de la colonne principale, après avoir rompu à droite, par le commandement:

Par bataillon en avant diagonalement en colonne.

Elle arrivera avec la droite en tête, par-devant la nouvelle ligne de direction si elle doit faire face à gauche, & chacun des bataillons de la ligne se déboîtera de la colonne principale, après avoir rompu à droite, par le commandement:

Par bataillon en arriere diagonalement en colonne.

Toutes les fois au contraire, que la ligne de direction de la nouvelle position, passera par l'extrémité de la gauche ou au-delà de la gauche, la ligne rompra & manœuvrera par sa gauche.

Si elle doit faire face à gauche, elle arrivera alors avec la gauche en tête, par-derriere la nouvelle ligne de direction, & chaque bataillon de la ligne se déboîtera de la colonne principale, après avoir rompu à gauche, par le commandement:

Par bataillon en avant diagonalement en colonne.

Si elle doit faire face à droite, elle arrivera avec la gauche en tête par-devant la nouvelle ligne de direction, & chacun des bataillons se déboîtera de la colonne principale, après avoir rompu à gauche, par le commandement: *Par bataillon en arriere diagonalement en colonne.*

ARTICLE 3.

Mouvemens par le centre.

Le même principe s'applique également aux mouvemens sur le centre; puisqu'alors, si la nouvelle direction passe au travers de celle qu'on se propose de quitter, & si on doit faire face à droite, la partie gauche de la ligne, qui aura à sa droite la nouvelle ligne de direction, rompra, manœuvrera par sa droite, & arrivera dans la nouvelle position par-derriere la ligne de direction, tandis que la partie droite de la ligne, qui aura à sa gauche la nouvelle ligne de direction, rompra manœuvrera par sa gauche, & arrivera dans la nouvelle position par-devant la ligne de direction.

Si dans un mouvement central on doit au contraire faire face à gauche, la partie droite de la ligne, qui aura à sa gauche la nouvelle ligne de direction, rompra, manœuvrera par sa gauche, & arrivera dans la nouvelle position par-derriere la nouvelle ligne de direction, tandis que la partie gauche de la ligne, qui aura à sa droite la nouvelle ligne de direction, rompra manœuvrera par sa droite & arrivera par-devant la nouvelle ligne de direction.

ARTICLE 4.

Mouvement central à droite de pied-ferme.

Cette regle générale pour se rompre dans un mouvement central de la premiere ligne, ne peut avoir d'exception que pour un seul peloton de la ligne.

Si la direction de la nouvelle poſition, paſſe préciſément au travers d'un bataillon, alors dans le premier cas du mouvement central, & pour faire face à droite, le peloton de gauche de l'aile droite, qui ſe trouvera préciſément à côté du peloton de droite de l'aile gauche, qui devra rompre à droite, ne pourroit ſe rompre à gauche comme tout le reſte de l'aile droite dont il fait partie, ſans venir ſe confondre avec le peloton qui romproit à côté de lui par un mouvement contraire.

Ainſi ce peloton ſeul ne rompra point; mais à l'inſtant où toute la ligne rompra, il ſe portera par le plus court chemin, & en marchant par ſon flanc gauche pour entrer avec ſon flanc gauche dans la nouvelle ligne, par le point où devra ſe trouver la droite de ſon peloton.

En arrivant ſur la nouvelle ligne, il fera *par file à droite*, pour ſe prolonger ſur l'alignement du peloton qui aura rompu à droite, & ſe placer à côté de lui.

Le chef de ce peloton commandera alors *halte*, *front à gauche* = *alignement*, en se conformant à ce qui est prescrit au *Titre X*, *article* 10, *des déploiemens pour les alignemens successifs*, lorsque deux subdivisions doivent s'aligner l'une à droite, l'autre à gauche.

Le peloton qui aura rompu à droite, & qui n'aura point eu à bouger parce qu'après avoir rompu il se sera trouvé précisément dans la nouvelle ligne de direction, s'alignera à droite au commandement de son chef qui se portera à l'aile droite, & qui se reculera au second rang lorsque le chef du peloton, qui aura marché par son flanc gauche, se mettra à la gauche de son peloton pour l'aligner.

Aussitôt que ces deux pelotons seront placés, le mouvement général commencera ; chaque portion de la ligne se conformera suivant que les pelotons ou les bataillons se trouveront dans le cas d'arriver par-devant ou par-derriere la ligne de direction, avec la droite en tête dans les bataillons de l'aile gauche, avec la gauche en tête dans les bataillons de l'aile droite; à ce qui est prescrit au *Titre VIII, articles 4 & 6, des différentes manieres de rompre le régiment*, pour se déboîter de la colonne principale; à ce qui est prescrit au *Titre X, articles 3 & 6*, suivant la circonstance dans laquelle les bataillons se trouveront à l'instant où ils seront prêts d'entrer dans la nouvelle ligne de direction.

Ce mouvement est représenté sur la *planche XIII*, exécuté par trois bataillons, la ligne de direction tombant entre le troisieme & le quatrieme peloton du second bataillon.

ARTICLE 5.

Mouvement central à gauche de pied-ferme.

Si c'étoit un mouvement central pour faire face à gauche, il s'exécuteroit, après avoir fait rompre la ligne, par les moyens inverses dans tous les pelotons & dans tous les bataillons de la ligne.

ARTICLE 6.

Mouvement central à droite en marchant en avant.

Si, en changeant ainsi la position d'une ligne par son centre, le Commandant en chef vouloit porter ce centre en avant, alors si c'est à droite, & comme on le voit sur la *planche XIII*, *figure* 2; où ce mouvement est exécuté par la droite avec six bataillons, la nouvelle direction tombant entre le troisième & le quatrieme peloton du quatrieme bataillon de la droite; alors la ligne de direction passant à la droite du quatrieme peloton, le quatrieme & le cinquieme peloton de ce bataillon ne rompront point; mais pendant que tout ce qui sera à la droite de ces deux pelotons, rompra à gauche; & que tout ce qui sera à leur gauche, rompra à droite, ils se porteront en avant deux fois l'étendue de leur front, ainsi que dans le passage du défilé en avant par pelotons, excepté qu'en arrêtant ils s'aligneront, le peloton de la droite qui va former la tête de la colonne de droite à droite, parce que cette colonne a la gauche en tête; le peloton de gauche qui va former la tête de la colonne de gauche à gauche, parce que cette colonne a la droite en tête.

Ces deux pelotons s'étant placés pendant que les autres auront rompus, toute l'aile droite à gauche, toute l'aile gauche à droite, le mouvement général commencera par les commandemens :

1 *Colonnes en avant.*
2 *Marche.*

Pour les deux colonnes réunies, composées; celle de droite des quatrieme, troisieme, deuxieme & premier pelotons du quatrieme bataillon; celle de gauche des cinquieme, sixieme, septieme & huitieme pelotons de ce même bataillon.

Ce commandement sera fait à ce bataillon en même temps que le Commandant en chef commandera, ou fera commander pour tous les autres bataillons de l'aile droite.

1 *Par bataillon en arrière diagonalement en colonne.*
2 *Marche.*

Et pour tous les bataillons de l'aile gauche.

1 *Par bataillon en avant=en colonne.*
2 *Marche.*

Les deux colonnes réunies marcheront droit en avant, celle de gauche se séparant de quatre pas de celle de droite, jusqu'au point où le Commandant en chef jugera à propos de les arrêter.

Lorsque la tête de la colonne de droite sera arrivée au point où elle devra arrêter, les deux colonnes arrêteront; celle de droite, au commandement qui lui sera fait, se mettra à droite en bataille.

Aussitôt qu'on commandera *marche* à la

à la colonne de droite pour se mettre en bataille, on commandera à celle de gauche :

1 *Colonne en avant.*

2. *Marche.*

Et aussitôt après :

Sur la droite en bataille,

en se conformant à ce qui est prescrit au *Titre X, article* 8.

Pendant ce temps-là, les troisieme, deuxieme & premier bataillons se porteront diagonalement en arriere par le plus court chemin sur la nouvelle ligne de direction, si le troisieme en arrivant trouve les deux colonnes réunies encore en marche, il se dirigera dans le prolongement de la file droite de la colonne de droite, & s'arrêtera en même-temps qu'elle.

Si lorsqu'il arrêtera, tous ses pelotons ne sont point encore entrés dans la nouvelle ligne de direction, ils se conformeront à ce qui est prescrit au *Titre X, article 6*; d'une colonne arrivant avec la gauche en tête par-devant la ligne de direction, pour les pelotons qui ne sont point encore entrés dans la nouvelle ligne de direction, lorsque le reste de la colonne se met en bataille.

Le second & le premier bataillon se conformeront également à ce même principe.

Le cinquieme & le sixieme bataillon de l'aile gauche, marcheront perpendiculairement en avant, parallélement entre eux, parallélement & à hauteur des deux colonnes réunies.

Lorsque les derniers pelotons de la colonne de gauche de ces deux colonnes, acheveront de se former sur la droite en bataille, la tête de chacun de ces bataillons se rabattra sans commandement & au seul avertissement de l'Officier supérieur commandant chaque colonne, pour marcher diagonalement en avant, & pour se porter par le chemin le plus court sur la nouvelle ligne de direction; chacun des bataillons se conformera, en y arrivant, à ce qui est prescrit au *Titre X*, *article* 3, pour une colonne avec la droite en tête arrivant par-derriere la nouvelle ligne de direction, dont les bataillons ne sont point encore entrés dans la nouvelle ligne à l'instant où le reste de la colonne se forme en bataille.

Dans tous les mouvemens de centre, le Commandant en chef ou celui qu'il aura particuliérement chargé de ses ordres, se portera au point pris pour centre, afin que dirigeant de ce point, de quelle maniere devront se rompre les pelotons les plus voisins de ceux au travers desquels passe la nouvelle ligne de direction, le mouvement se communique de proche en proche, du centre aux ailes, si la voix ne peut pas s'y faire entendre.

Il n'y a point d'autre commandemens prescrits pour faire changer la position d'une ligne en bataille, à droite ou à gauche, par une aile ou par l'autre, ou par le centre, que ceux indiqués pour rompre, & ceux indiqués pour déboîter les bataillons de la colonne principale après être rompus, soit pour marcher perpendiculairement ou diagonalement en avant ou en arriere.

La maniere dont se rompent les bataillons les plus voisins du point d'où part le mouvement, indique suffisamment aux autres bataillons de la ligne ce qu'ils doivent faire, si le commandement pour rompre ne leur est pas parvenu.

La maniere dont se déboîtent, soit en avant, soit en arriere, les bataillons qui sont les plus voisins du point d'où part le mouvement, indique suffisamment aux bataillons plus éloignés ce qu'ils doivent exécuter, supposé que le commandement ne soit pas parvenu jusqu'à eux, puisque chaque bataillon de la ligne, de proche en proche, doit se conformer au mouvement qu'il voit exécuter en avant de lui aux bataillons qui ont rompu du même côté, & qui étant toujours près du point d'où part le mouvement, ne peuvent ignorer ce qu'ils doivent faire, soit parce que les Officiers supérieurs qui les commandent savent d'avance ce quils doivent exécuter, soit parce-qu'ils auront entendu le commandement pour se déboîter.

ARTICLE 7.

Mouvement central à droite marchant en arriere.

Le mouvement central à droite se feroit également en marchant en arriere; mais il faudroit d'abord faire exécuter la contre-marche, non pas aux deux mêmes pelotons mais à chacun des deux pelotons séparément, entre lesquels passeroit la nouvelle ligne de direction; ainsi se feroit le troisieme & le quatrieme peloton du quatrieme bataillon qui exécuteroit en même-temps, mais chacun pour leur compte, la contre-marche.

Pendant qu'ils exécuteront ce mouvement, les autres pelotons & tous les bataillons de l'aile droite, rompront à gauche, les autres pelotons & tous les bataillons de l'aile gauche rompront à droite.

Les bataillons de l'aile droite qui, dans le premier exemple du changement de front sur le centre en marchant en avant, s'étoient d'abord dirigés diagonalement en arriere, se dirigeront perpendiculairement en arriere, tandis que ceux de l'aile gauche qui s'étoient d'abord dirigés perpendiculairement en avant, se dirigeront diagonalement en avant.

Les deux colonnes réunies marcheront aussi long-temps qu'elles devront marcher en arriere.

A l'instant où on les arrêtera, celle des deux qui aura la droite en tête, & par conséquent celle qui aura rompu à droite, & qui dans le premier exemple du changement de front sur le centre en marchant en avant, s'étoit mise sur la droite en bataille, se mettra à gauche en bataille; tandis-que celle qui, dans le premier exemple du changement de front en marchant en avant, s'étoit formée à gauche en bataille, & qui dans ce cas-ci se trouvera à la gauche de son terrein avec la gauche en tête, se mettra en bataille par le même principe que celui qui est prescrit pour une colonne avec la gauche en tête arrivant par-devant la nouvelle ligne de direction, elle s'y conformera à la vérité par un mouvement plus forcé, attendu qu'au lieu de se trouver perpendiculairement ou à peu-près sur la nouvelle ligne de direction, elle se trouvera parallélement à elle; par conséquent, les pelotons en allant par le flanc gauche entrer dans la nouvelle ligne de direction, le bataillon exécutera l'équivalent de la contremarche de tout ce bataillon.

En même-temps que les derniers pelotons de ce bataillon entreront dans la nouvelle ligne de direction, tous les bataillons de l'aile droite qui auront continué de marcher perpendiculairement en arriere, parallélement entre eux, parallélement & à hauteur des deux colonnes réunies, se dirigeront diagonalement pour ariver par le plus court chemin avec la gauche en tête par-devant la nouvelle ligne de direction.

Les bataillons de l'aile gauche qui se seront dirigés diagonalement en avant pour arriver sur la nouvelle ligne de direction par le chemin le plus court, se conformeront à ce qui est prescrit pour les colonnes arrivant avec la droite en tête par-derriere la ligne de direction, soit pour se prolonger sur la file gauche de la colonne de droite si elle est encore en marche, & qui, ainsi que ces autres bataillons aura la droite en tête, soit pour entrer par le flanc gauche des pelotons sur la nouvelle ligne de direction, si cette même colonne est déjà arrêtée & formée en bataille, dans le moment où ils arriveront près de la nouvelle ligne de direction.

Il faut encore observer que la nouvelle ligne de direction se sera trouvée pendant la marche des deux colonnes réunies passant entre les deux colonnes, & que ces deux colonnes ayant marché chacune suivant le principe des colonnes avec la droite ou la gauche en tête, elles auront marché avec la tête l'une vers l'autre; celle qui sera à la gauche des deux, se séparera cependant de l'autre à quatre pas au moins, tandis que la file d'Officiers placés à l'aile gauche des pelotons de la colonne de droite se prolongera sur la ligne de direction.

ARTICLE 8.

Mouvemens des secondes lignes.

Les secondes lignes devant se conformer aux mouvemens des premieres, ont quelques regles à observer pour n'être pas gênées par les mouvemens de la premiere, lorsque par la nature du mouvement la premiere précède la seconde; & pour ne pas gêner la la premiere, lorsque par la nature du mouvement la seconde précéde la premiere.

Ces régles sont en petit nombre, & peuvent se réduire à quelques principes généraux dont on pourra faire l'application suivant les circonstances.

La premiere ligne précéde la seconde, toutes les fois que la premiere arrive dans sa nouvelle position par derriere la ligne de direction.

La seconde précéde la premiere, dans tous les mouvemens où la premiere entre dans sa nouvelle position en arrivant par-devant la ligne de direction.

Dans la premiere supposition, la seconde ligne ne pourroit se mouvoir en même-temps que la premiere, si le déboîtement des colonnes de la premiere ligne ne s'exécutoit pas au premier instant du mouvement.

Dans la seconde, la premiere ligne ne pourroit se mouvoir qu'après la seconde, si le déboîtement des colonnes de seconde ligne ne s'exécutoit pas dès le premier instant du mouvement.

Il faut encore observer que quoiqu'une ligne puisse exécuter tous les mouvemens en formant des colonnes par bataillon, par régiment, par brigades, ou même par des colonnes composées d'un plus grand nombre de bataillons, cependant toutes les fois que les colonnes excéderont en profondeur la distance déterminée entre les deux lignes, le mouvement de la seconde sera nécessairement retardé par le surplus de cette profondeur, lorsque conformément à la premiere supposition, la premiere précédera la seconde, la premiere sera également retardée par le surplus de cette profondeur lorsque conformément à la seconde supposition la seconde précédera à la premiere.

De ce principe, résulte la nécessité de multiplier les colonnes autant que le terrein le permettra, & de cette nécessité résulte en même-temps, l'avantage d'ajouter à la précision, la plus grande célérité du mouvement général, par la légéreté qu'acquierent en elles-mêmes les colonnes à mesure qu'elles diminuent de profondeur.

La premiere ligne déterminant presque toujours le mouvement de la seconde, gêne encore la seconde toutes les fois que la nouvelle ligne de direction passant par l'extrémité de la droite, la premiere en rompant & manœuvrant par sa droite, doit faire face à droite (*Titre X, article 3, colonne avec la droite en tête, arrivant par-derriere la ligne de direction.*)

La premiere ligne gêne encore la seconde, toutes les fois que la nouvelle ligne de direction passant par l'extrémité de la gauche, la ligne en rompant & en manœuvrant par sa gauche, doit faire face à gauche (*Titre X, article 5, colonne avec la gauche en tête, arrivant par-derrière la ligne de direction.*)

Dans cette premiere & dans cette seconde supposition, la seconde ligne ne pourroit manœuvrer par son aile, ainsi que la premiere, sans venir se confondre sur l'alignement de la premiere, elle se trouveroit même déborder la premiere par l'aile droite, & en être débordée par l'aile gauche, en raison de la distance qui séparoit les deux lignes si la premiere avoit rompu & manœuvré par sa droite, pour faire face à droite; elle se trouveroit également déborder l'aile gauche & être débordée par sa droite si la premiere ligne avoit rompu & manœuvré par sa gauche, pour faire face à gauche.

De ce principe, résulte pour le seconde ligne, la nécessité d'exécuter un mouvement central, toutes les fois que la premiere exécute un mouvement par l'aile droite pour faire face à droite, ou un mouvement par l'aile gauche, pour faire face à gauche.

Le point à prendre pour centre dans la seconde ligne doit être choisi en raison de la distance déterminée entre les deux lignes, & en raison de l'angle plus ou moins ouvert que formera la nouvelle position de la premiere ligne sur l'ancienne.

ARTICLE 9.

Mouvement sur deux lignes par l'aile gauche pour faire face à gauche.

La distance entre les deux lignes étant fixée à un bataillon & un intervalle de bataillon (ce qui n'est déterminé ici que par supposition) & la nouvelle position de la premiere ligne devant former un angle droit sur l'ancienne, le point à choisir pour centre du mouvement dans la seconde ligne, sera, les deux pelotons de gauche du cinquieme bataillon, qui marcheront en avant deux fois l'étendue de leur front, ainsi qu'il est prescrit pour les quatrieme & cinquieme pelotons du quatrieme bataillon de l'aile droite (*Article 6 de ce Titre : Mouvement central en marchant en avant.*)

Pendant que le sixieme bataillon rompra à droite, le surplus du cinquieme & tous les autres jusqu'à la droite rompront à gauche.

Les deux pelotons qui se seront en même temps portés en avant, auront la tête des deux colonnes réunies; celle de la droite, sera composée des septieme, sixieme, cinquieme, quatrieme, troisieme, deuxieme & premier pelotons du cinquieme bataillon.

Celle de la gauche sera composée du sixieme bataillon tout entier & du peloton de gauche du cinquieme qui en aura la tête.

Les deux colonnes réunies à quatre pas près, marcheront jusqu'à ce que la colonne de gauche se trouve derriere son bataillon correspondant de premiere ligne.

Tous les bataillons de l'aile droite formant chacun leur colonne, marcheront perpendiculairement en avant parallèlement entr'eux, parallèlement & à la hauteur des deux colonnes réunies, jusqu'à l'instant où la colonne de droite de ces deux colonnes réunies achevera de se mettre en bataille par les commandemens:

Sur la gauche en bataille.

Ce commandement ne se fera que

lorſque le bataillon de gauche de cette ſeconde ligne, ſe trouvera vis-à-vis & à hauteur de ſon bataillon, correſpondant dans la premiere ligne.

La tête de chacune des autres colonnes, ſe dirigera diagonalement & par le plus court chemin vers la nouvelle ligne de direction, à l'inſtant où les derniers pelooons de la colonne de droite (qui ſe forme ſur la gauche en bataille) acheveront de ſe former.

ARTICLE 10.

Mouvement ſur deux lignes par l'aile droite, pour faire face à droite,

Si la premiere ligne rompt & manœuvre par ſa droite, pour faire face à droite, & pour prendre une poſition perpendiculaire ſur l'ancienne, la diſtance entre les deux lignes étant toujours ſuppoſée d'un bataillon & d'un intervalle, le point a prendre pour centre du mouvement dans la ſeconde ligne, ſera les deux pelotons de droite du ſecond bataillon de l'ailo droite de la seconde ligne, qui auront la tête des deux colonnes réunies formées; celle de la droite du premier bataillon tout entier de l'aile droite & du peloton de droite du second bataillon qui en aura la tête; celle de la gauche, des deuxieme, troisieme, quatrieme, cinquieme, sixieme, septieme & huitieme pelotons du second bataillon.

Les deux colonnes réunies à quatre pas près, marcheront jusqu'à ce que la colonne de droite se trouve derriere son bataillon correspondant de premiere ligne; celle de la droite se mettra à droite en bataille, & celle de gauche de ces deux colonnes, sur la gauche en bataille.

Tous les bataillons, autant qu'il y en aura jusqu'à la gauche formant chacun leur colonne, auront marché perpendiculairement en avant, parallelement entre eux, parallelement à hauteur des deux colonnes réunies, ils se dirigeront tous en même-temps diagonalement par le plus court chemin vers la nouvelle ligne de direction, à l'instant où les derniers pelotons de la colonne de gauche des deux colonnes réunies, acheveront de se former en bataille, par le commandement :

Sur la droite en bataille.

ARTICLE II.

Des mouvemens de centre sur deux lignes.

Mouvement de centre à droite de pied-ferme, ou en marchant en avant.

La distance entre les deux lignes ayant dans le mouvement par l'aile gauche, pour faire face à gauche, déterminé le point qui devoit être pris pour centre dans la seconde ligne, sur les deux pelotons de gauche du second bataillon de gauche, & dans le mouvement par l'aile droite pour faire face à droite, sur les deux pelotons de droite du second bataillon de l'aile droite; si partant de la même supposition de distance entre les deux lignes, le mouvement se fait sur le centre à droite dans la premiere ligne ; en prenant pour centre du mouvement dans la ſeconde ligne le point qui ſe trouvera plus vers la gauche d'un bataillon & d'une intervalle, en prolongeant les deux colonnes réunies, ainſi que dans le mouvement par l'aile droite juſqu'à ce que chaque bataillon de ſeconde ſe trouve à hauteur de ſon bataillon correſpondant dans la premiere, & y arrêtant ces deux colonnes ; la ſeconde ligne aura ſa diſtance après le mouvement fini : mais la ſeconde ligne aura néceſſairement fini ſon mouvement plus tard que la premiere de tout le temps qui lui ſera néceſſaire pour prolonger les deux colonnes réunies.

Si la premiere ligne a marché en avant, les deux colonnes réunies de ſeconde ligne, devront ſe prolonger d'autant plus : on voit un mouvement de cette eſpece pour faire face à gauche, exécuté ſur la *Planche XVI*, où les deux pelotons du centre marchent quelques pas en avant.

ARTICLE 12.

Mouvement central à droite sur deux lignes en marchant en arriere.

Si le mouvement central s'exécutoit en marchant en arriere, ainsi que dans l'*article 7 de ce Titre*, la seconde ligne, dans cette seule exception, régleroit la premiere, attendu que par la nature du mouvement, les deux colonnes réunies de seconde ligne, précéderoient les deux colonnes réunies de premiere ligne.

Ainsi, dans le cas du mouvement central à droite en arriere, la premiere ligne exécuteroit le même mouvement que la seconde, mais sur un point pris d'un bataillon & d'un intervalle plus vers la droite, & les deux colonnes réunies de premiere ligne se prolongeroient jusqu'à ce que chaque bataillon de premiere ligne fut devant son bataillon correspondant dans la seconde : la seconde ligne se trouveroit formée plus tôt que la premiere, du temps nécessaire pour prolonger les deux colonnes réunies.

Si tous ces mouvemens s'exécutent à gauche, on trouvera le principe des mouvemens de seconde ligne, dans les suppositions suivantes.

Si la premiere exécute un changement de front central à gauche de pied-ferme, on trouvera le principe du mouvement de la seconde dans celui qui est indiqué pour la seconde lorsque l'aile gauche de la premiere a rompu & manœuvré par sa gauche pour faire face à gauche, *article 9 de ce Titre, Planche XV.*

Si le mouvement s'exécute à gauche en marchant en avant ou en arriere, on trouvera les principes des mouvemens des deux lignes, en appliquant, après avoir rompu, les moyens inverses du mouvement central à droite en marchant en avant & du mouvement central à droite en marchant en arriere.

Les mouvemens des deux colonnes réunies bien connus, le mouvement des bataillons des ailes est absolument ſemblables dans les deux lignes.

Dans les mouvemens de centre à droite, ſoit de pied-ferme, ſoit en marchant en avant, ſoir en marchant en arriere, les bataillons de l'aile droite de premiere & ſeconde ligne arrivent toujours avec la gauche en tête par-devant la nouvelle ligne de direction, & les bataillons de l'aile gauche arrivent toujours avec la droite en tête par-derriere la nouvelle ligne de direction.

Dans un mouvement central à gauche, ſoit de pied-ferme, ſoit en marchant en avant, ſoit en marchant en arriere, les bataillons de l'aile gauche de premiere & ſeconde ligne arrivent toujours avec la droite en tête par-devant la nouvelle ligne de direction, & les bataillons de droite de premiere & ſeconde ligne, arrivent toujours avec la gauche en tête par-derriere la nouvelle ligne de direction.

Il faut toujours excepter de cette regle générale les deux colonnes réunies partant du point pris pour centre dans chaque ligne, puisque ces colonnes ont une direction qui leur est propre.

ARTICLE 13.

Positions obliques que peuvent prendre une ou deux lignes en bataille.

Tous les exemples précédens ont été supposés exécutés, en prenant une nouvelle position perpendiculaire sur l'ancienne ; mais comme une ligne peut prendre autant de positions qu'il y a de points dans la circonférence, & qu'on ne peut établir un exemple pour chacune des suppositions possibles, il suffit de déterminer le principe d'après lequel on doit choisir le point pris pour centre dans la seconde ligne, toutes les fois qu'elle a un mouvement central à exécuter, pour suivre sa premiere ligne.

Si le mouvement de la premiere ligne se fait par l'aile gauche, pour faire face à gauche, plus l'angle que formera la nouvelle poſition ſur l'ancienne, ſera ouvert & au-delà d'un angle droit, plus le point qui devra être pris pour centre dans la ſeconde ligne, devra être éloigné de l'aile gauche.

Moins, au contraire, dans le même mouvement, l'angle que formera la nouvelle poſition ſur l'ancienne ſera ouvert & au-deſſous d'un angle droit, plus le point qui devra être pris pour centre dans la ſeconde ligne, devra être rapproché de l'aile gauche.

Si la premiere ligne rompt, manœuvre par ſon aile droite & fait face à droite, le point qui devra être pris pour centre dans la ſeconde ligne, s'éloignera ou ſe rapprochera de l'aile droite, comme il s'eſt éloigné ou comme il s'eſt rapproché de l'aile gauche, en raiſon de l'ouverture plus ou moins grande de l'angle que formera la nouvelle poſition ſur l'ancienne.

Le même principe s'applique également dans les mouvemens de centre

de

de la premiere ligne, ſuivant l'ouverture plus ou moins grande de l'angle que formera la nouvelle poſition ſur l'ancienne ; de maniere que dans un mouvement de centre à droite de la premiere ligne, plus l'angle que formera la nouvelle poſition ſur l'ancienne, ſera ouvert & au-deſſus d'un angle droit, plus il faudra aller chercher vers la gauche le point qui devra être pris pour centre du mouvement dans la ſeconde ligne.

Moins, au contraire, l'angle que formera la nouvelle poſition ſur l'ancienne ſera ouvert & au-deſſous d'un angle droit, moins il faudra aller chercher vers la gauche le point qui devra être pris pour centre du mouvement dans la ſeconde ligne.

Dans un mouvement central à gauche, le point qui devra être pris pour centre du mouvement de la ſeconde ligne, s'éloignera ou ſe rapprochera vers la droite comme il s'eſt éloigné ou rapproché vers la gauche, en raiſon de l'ouverture plus ou moin grande de l'angle que formera la nouvelle position sur l'ancienne.

Si la direction de la nouvelle position de la premiere ligne est connu, la nouvelle direction de la seconde le sera également, puisque la distance entre les deux lignes est supposée déterminée.

Le point qui doit être pris pour centre dans la seconde ligne sera également connu, puisque c'est toujours celui par lequel passeroit le prolongement de sa nouvelle direction.

Dans le mouvement central en marchant en arriere, comme la seconde ligne régle nécessairement dans cette seule exception le mouvement de la premiere, la premiere ligne observera en raison de la position qui aura été déterminée pour la seconde, ce que la seconde observe dans tous les autres cas, en raison des mouvemens de la premiere.

ARTICLE 14.

Mouvemens sur deux lignes par l'aile droite pour faire face à gauche, ou par l'aile gauche pour faire face à droite.

On n'a point parlé dans ces exemples des mouvemens qui s'exécutent dans la premiere ligne en rompant & manœuvrant par la droite pour faire face à gauche, ni des mouvemens qui s'exécutent dans la prémiere ligne en rompant & manœuvrant par la gauche pour faire face à droite, parce qu'alors la seconde ligne étant absolument libre dans ses mouvemens, va tourner autour de l'aile droite si on manœuvre par la droite; autour de l'aile gauche si on manœuvre par la gauche, & prendre sa nouvelle position derriere la premiere ligne, en se prolongeant parallélement à sa direction quelque oblique qu'elle puisse être & en déboitant tous les bataillons, même celui de l'aile par laquelle se fait le mouvement dès l'instant qu'il commence, afin de débarrasser le terrein sur lequel doivent venir passer toutes les colonnes de premiere ligne, qui dans ces deux suppositions entrent ainsi que la seconde, dans la nouvelle position en arrivant par-devant la ligne de direction, suivant ce qui est prescrit au *Titre X*, *article* 4, si on a rompu à droite; *article* 6, si on a rompu à gauche.

ARTICLE 15.

Mouvemens des secondes lignes lorsque les premieres manœuvrent par l'aile droite pour faire face à droite, ou par l'aile gauche pour faire face à gauche en se prolongeant sur la nouvelle ligne de direction, soit que cette nouvelle ligne passe précisément par l'extrémité de la droite ou de la gauche, soit qu'elle passe plus ou moins au delà.

Tous les mouvemens par les ailes, dont on vient de donner les principes, soit pour les premieres, soit pour les secondes lignes, n'ont point été supposés exécutés en se prolongeant par un aile ou par l'autre sur la nouvelle position ; on n'a point supposé non plus la nouvelle ligne de direction passant au-delà de l'extrémité de la droite ou de la gauche de l'ancienne position.

Ces deux différentes circonstances qui peuvent se trouver séparées ou réunies, déterminent cependant encore différentes attentions pour conduire la seconde ligne ; mais seulement dans les cas où la premiere ligne rompt, manœuvre & se prolonge par sa droite pour faire face à droite, & dans ceux où la premiere ligne rompt, manœuvre & se prolonge par sa gauche pour faire face à gauche ; attendu que dans les deux autres cas expliqués dans l'article précédent, on a démontré la facilité avec laquelle la seconde ligne peut tourner autour de la premiere en se prolongeant aussi long-temps qu'il est nécessaire & dans toute espece de direction plus ou moins oblique.

ARTICLE 16.

Mouvement de la seconde ligne, la premiere rompant, manœuvrant par son aile gauche pour faire face à gauche, pour se prolonger sur la nouvelle ligne de direction, qui passe par l'extrémité de la gauche de la premiere & de la seconde ligne.

Si la nouvelle ligne de direction tombe à l'extrémité de l'aile gauche, la premiere ligne devant se prolonger sur cette direction, & par conséquent venir passer par le point qu'occupoit la gauche de la seconde ligne, la seconde ligne toute entiere rompra à gauche, tous les bataillons, excepté les deux de la gauche, se déboîteront de la colonne principale diagonalement en avant; le premier bataillon de l'aile gauche, après avoir rompu à gauche, se repliant par-derriere sur lui-même en tournant à gauche, viendra chercher la nouvelle direction vis-à-vis le peloton de gauche du second bataillon, si la distance entre les deux lignes est, comme il a été supposé dans tous les mouvemens précédens, d'un bataillon & d'un intervalle de bataillon.

En arrivant à ce point, il se rabattra à droite pour se diriger parallélement & à hauteur du flanc de la premiere ligne, qui, pendant qu'il se sera ainsi replié sur lui-même, sera arrivé à sa hauteur; si la premiere ligne n'étoit pas encore à sa hauteur, il l'attendroit: le second bataillon de la gauche entrera dans la nouvelle ligne de direction, & se mettra en marche à la suite du premier, lorsqu'il se sera alongé.

On voit sur la *Planche XV*, la ligne ponctuée derriere le bataillon de gauche de seconde ligne, qui indique la maniere dont ce bataillon se replieroit sur lui-même, & s'alongeroit ensuite pour marcher à hauteur du flanc de la premiere.

Toutes les autres colonnes de la seconde ligne, ne se déboîteront pour se porter diagonalement vers la nouvelle ligne de direction, que lorsque le second bataillon de gauche marchera, & elles éviteront de se jeter trop à droite tant que les deux bataillons de gauche seront en marche, pour se prolonger parallélement à la premiere.

ARTICLE 17.

Mouvement de la seconde ligne, la premiere rompant & manœuvrant par sa droite, pour faire face à droite, & pour se prolonger sur la nouvelle ligne de direction qui passe plus ou moins au-delà de la droite.

Si la premiere ligne rompoit, manœuvroit & devoit se plonger par sa droite pour faire face à droite; & que la nouvelle ligne de direction tombât au-delà de la droite, alors la seconde ligne se romproit toute entiere à droite, le premier bataillon de la droite ne se replieroit sur lui-même qu'en raison de la distance qu'il devroit observer de lui à la premiere ligne, attendu que la premiere ligne, en se portant sur la nouvelle ligne de direction qui se trouve en dehors du point qu'occupoit sa droite, se seroit éloignée de la seconde en raison de la distance de son flanc droit à la nouvelle position.

Il pourroit même arriver que la nouvelle ligne de direction tombât assez loin au-delà de la droite pour que le bataillon de l'aile de la seconde ligne fût obligé, après avoir rompu, de se porter en avant, (ainsi qu'a fait la premiere dans la supposition précédente) pour conserver la distance qu'elle doit observer si la nouvelle ligne de direction de la premiere passoit beaucoup au-delà de l'extrémité de la droite, ce qui se voit sur la *planche XVII.*

Dans les mouvemens de cette espece, les bataillons de seconde ligne devant toujours être précédés par ceux de la premiere, les Officiers supérieurs des bataillons de seconde auront attention de prendre la suite de leur bataillon correspondant de premiere ligne, mais seulement lorsqu'ils arriveront au point où les deux directions pourroient se croiser ; la nécessité de cette attention se voit sur la Planche.

D'après cet exemple, on peut encore juger qu'il seroit possible que la seconde ligne n'eût ni à se replier sur elle-même, ni à se rapprocher de la premiere, ce qui arriveroit dans la supposition où la nouvelle direction de la premiere ligne passeroit au-delà de la droite, à une distance égale à celle établie entre les deux lignes.

ARTICLE 18.

Attention des Officiers supérieurs dans tous ces mouvemens.

Toutes les attentions prescrites pour la conduite de la seconde ligne, indiquent à l'Officier qui la commande, la nécessité d'être informé de la nature des mouvemens de la premiere, afin de régler les mouvemens de la seconde d'après la connoissance qu'il a pu en prendre, & en s'aidant de son coup-d'œil.

Quant aux Officiers supérieurs, leur

unique attention doit être de diriger avec adresse les têtes de leurs colonnes, à peu-près parallelement à celles qu'ils ont à leur droite ou à leur gauche, soit pour marcher perpendiculairement ou diagonalement en avant ou en arriere suivant la nature du mouvement; de se porter avec célérité de leur personne sur les nouvelles lignes de direction lorsque leurs colonnes en approchent, afin de pouvoir y former leur bataillon avec promptitude & sans tâtonnement; de donner aux Officiers & aux Soldats la facilité de marcher le pas de route toutes les fois que cela est possible, principalement dans les grands mouvemens en pressant plus ou moins ce pas s'il est nécessaire, pour ne pas rester plus en arriere qu'ils ne doivent être, parce qu'ils suspendroient la marche de toutes les autres colonnes; de faire observer cependant les distances exactement aux subdivisions de la colonne; de leur épargner le mauvais chemin en se dérangeant de leur direction, mais en y rentrant aussitôt que la possibilité s'en présentera ; enfin d'exiger des Officiers & des Soldats la plus grande activité & la plus scrupuleuse attention à l'instant où il faut entrer dans la nouvelle ligne de direction ou se mettre en bataille.

Si une colonne, pour quelque cause que ce soit, est obligée de se déranger de la direction dans laquelle elle doit marcher, le Commandant de cette colonne fera abaisser son drapeau, ou tous les drapeaux de la colonne, pour avertir la colonne la plus voisine de la sienne, qu'elle ne doit pas se conformer à son mouvement.

Le drapeau ou les drapeaux ne se releveront que lorsque la tête de la colonne sera rentrée à sa distance & dans la direction générale du mouvement.

TITRE XIV.

TITRE XIV.

des Feux.

ARTICLE PREMIER.

Regles générales pour les feux.

LOrſqu'on diſtribuera aux Soldats des cartouches, on fera avec attention l'inſpection des gibernes; & pour cet effet le Capitaine-commandant de chaque compagnie, chargera un Officier ou bas Officier, d'examiner les gibernes de chaque homme à meſure qu'il examinera le fuſil.

Le Commandant en chef donnera l'ordre pour faire charger les armes.

L'Officier ſupérieur commandant chaque bataillon, les fera charger, ainſi qu'il eſt preſcrit à la charge à volonté.

Les Officiers & tous les bas Officiers qui ſeront dans le rang, feront *demi à droite* au premier temps de la charge, & face en tête lorſque la troupe paſſera l'arme à gauche.

On exercera les régimens à tirer de pied-ferme, par files, par demi-rang & par bataillon

Dans tous les feux qui s'exécuteront devant l'ennemi, les Officiers & les bas Officiers, quoiqu'armés de fuſil, ne doivent s'employer qu'à maintenir ou rétablir l'ordre dans leur troupe, & il leur eſt expreſſément défendu de tirer, hors le cas de leur défenſe perſonnelle.

Dans tous les feux, l'Officier ſupérieur du bataillon, en paſſant par la file du chef de peloton le plus près de lui, lequel s'effacera pour le laiſſer paſſer, ſe portera derriere ſon bataillon, & les Officiers qui ſont au premier rang ſe reculeront au premier commandement, à un pas en arriere du troiſieme rang.

Les bas Officiers qui ſont au troiſieme rang, ſe reculeront au premier commandement ſur l'alignement des Serre-files.

Le bas Officier du troisieme rang de la file droite, & celui de la file gauche de la garde du drapeau, reculeront au même commandement à un pas en arriere du troisieme rang.

Les deux bas Officiers du premier & du second rang de la file droite & de la file gauche de la garde du drapeau, prendront, au commandement *armes*, la même position que le premier rang de la troupe, excepté qu'ils continueront de porter l'arme au bras droit; la garde du drapeau ne devant tirer que pour la conservation du drapeau.

On fera cesser tous les feux par un roulement.

Les Officiers & les bas Officiers s'emploieront alors avec la plus grande activité à faire cesser le feu, chacun dans la section à laquelle ils seront attachés ils veilleront avec la même attention à ce que les Soldats chargent & portent promptement leurs armes.

L'Officier supérieur du bataillon,

tous les Officiers & les bas Officiers qui ſe ſeront déplacés pour l'exécution des feux, reprendront bruſquement leur poſte à la fin du roulement.

Les Soldats du troiſieme rang, qui ſeront reſtés déboîtés auſſi long-temps que le feu aura duré, reprendront bruſquement leur chef-de-file à la fin du roulement.

L'Officier ſupérieur qui donnera le ſignal du roulement, aura attention de ne le faire ceſſer que lorſqu'il verra les armes chargées & portées.

ARTICLE 2.

Feu par files.

Le Commandant en chef commandera :

Feu de files.

L'Officier ſupérieur de chaque bataillon, paſſera derriere le bataillon, & commandera :

1. *Feu de files.*
2. *Bataillon.*

3. *Armes.*

4. *Commencez le feu.*

Le premier commandement ne ſera commandement d'exécution que pour les Officiers & bas Officiers qui doivent reculer, comme il a été expliqué ci-deſſus.

Le ſecond commandement ne ſera qu'avertiſſement,

Au troiſieme commandement, les trois rangs apprêteront leurs armes, chaque rang prenant la poſition preſcrite au *Titre III.*

Au quatrieme commandement, le feu commencera par la file droite de chaque peloton.

Chaque file mettra en joue & tirera ſucceſſivement auſſitôt après que la file qui ſera à ſa droite aura fait feu.

Ce premier feu une fois établi, les Soldats de chaque file chargeront promptement, tireront ſans s'attendre & ſans ſe régler les uns ſur les autres, ni ſur les files voiſines; l'eſſentiel de ce feu étant qu'il ſoit vif & bien ajuſté.

Le troiſieme rang aura attention, en couchant en joue, de s'avancer dans son créneau le plus qu'il pourra, afin que le bout de son canon dépasse davantage le premier rang.

Les Soldats du premier & du second rang, pour ne point empêcher de tirer ceux du troisieme, & rendre l'intervalle plus libre, tireront leurs baguettes, ainsi qu'il est prescrit au *Titre III*, *article* 4.

Le troisieme rang restera deboîté jusqu'à la fin du roulement; chaque fois qu'il aura fait feu, il se reculera pour charger, ainsi qu'il a été prescrit au *Titre III*.

Chaque fois qu'il aura chargé, il se reportera sur son alignement, & toujours vis-à-vis de son créneau.

Dans le feu de file, les Soldats de tous les rangs après avoir chargé, reviendront dans la position des armes apprêtées.

ARTICLE 3.

Feu de demi-rang.

Le Commandant en chef commandera:

1. *Feu de demi-rang.*

2. *Commencez le feu.*

L'Officier ſupérieur de chaque bataillon répétera le premier commandement, & auſſitôt qu'il aura répété le premier commandement, les Officiers & les bas Officiers ſe reculeront comme il eſt preſcrit.

Auſſitôt qu'il aura entendu le ſecond commandement, il commandera :

1. *Demi-rang de droite.*

2. *Armes.*

3. *Joue.*

4. *Feu.*

ce qui ſera exécuté par le demi-rang de droite.

Auſſitôt que l'Officier ſupérieur verra quelques armes chargées & portées dans le demi-rang de droite, il commandera :

1. *Demi-rang de gauche.*

& les autres commandemens.

Ce feu ſera ainſi alternatif entre les deux demi-rangs de chaque bataillon

ARTICLE 4.

Feu par bataillon.

Le commandant en chef commandera :

1. *Feu de bataillon.*
2. *Commencez le feu.*

L'Officier supérieur répètera le premier commandement.

Les Officiers & bas Officiers se reculeront à ce commandement, ainsi qu'il a été prescrit ci-dessus.

Aussitôt que l'Officier supérieur de chaque bataillon impair aura entendu le second commandement, il commandera :

1. *Bataillon.*
2. *Armes.*
3. *Joue.*
4. *Feu.*

ce qui sera exécuté par le bataillon.

Aussitôt que l'Officier supérieur de chaque bataillon pair verra quelques armes portées dans le bataillon impair il commandera ;

& les autres commandemens.

Le feu sera alternatif entre le premier & le second bataillon de chaque régiment.

Dans les feux de demi-rang & de bataillon, les Soldats de tous les rangs après avoir chargé, porteront leurs armes.

Les hommes du troisieme rang reculeront pour charger, avanceront sur leur alignement après avoir chargé, mais vis-à-vis de leur crénau, & restant déboîtés jusqu'à la fin du roulement.

Le feu de demi-rang & le feu de bataillon, ne s'exécuteront que pour empêcher de se rallier une Troupe ennemie qui auroit déjà plié.

ARTICLE 5.

Feu en arriere.

Le Commandant en chef commandera:

Feu en arriere.

L'Officier supérieur de chaque bataillon répètera ce commandement; & aussitôt aprés en restant à sa place il commandera:

Demi-tour = à droite.

Au second commandement, tout le bataillon fera demi-tour à droite, à l'exception des Officiers & des bas-Officiers.

Au commandement *demi-tour*, les Officiers qui sont au premier rang, se placeront à un pas en avant de la premiere file de leur peloton en lui faisant face.

Les Sergens qui sont derrière eux au troisieme rang, ainsi que les Serre-files passeront légèrement par l'intervalle de chaque peloton pour aller occuper derriere le premier rang devenu le dernier, les mêmes places qu'ils occupoient derriere le bataillon dans les feux ou en serre-file.

Aussitôt que les Serres-files seront passés, les chéfs de peloton se placeront vis-à-vis leur intervalle, à la place qui leur est destinée ponr les feux.

Le bataillon exécutera alors, par le dernier rang, les mêmes feux que par le premier rang, & par les mêmes commandemens.

Lorsqu'on fera cesser le feu, à la fin du roulement, les Officiers commandant les pelotons, s'avanceront au dernier rang devenu le premier, & leurs Sergens se placeront derriere eux au premier rang devenu le troisieme.

Si aussitôt après le roulement, on doit marcher à l'ennemi par le d rnier rang, devenu danse ce cas le premier, l'Officier supérieur commandant le bataillon, qui dans le feu en arriere reste à sa place ordinaire, passera alors en avant du bataillon pour le conduire.

Pour remettre ensuite le bataillon dans son premier ordre, on commandera:

Officiers à vos postes.
Demi-tour = à droite.

A ce dernier commandement, les Officiers commandant les pelotons, sortiront du rang en se plaçant devant le premier homme de leur peloton & lui faisant face, ils laisseront passer les Serre-files, le bas Officier qui est derriere eux, & aussitôt s'avanceront au premier rang. Les Officiers commandant les bataillons, s'ils se sont portés en avant du troisieme rang, repasseront de même en avant du premier.

ARTICLE 6.

Feu en avançant.

Lorsqu'une Troupe ennemie aura plié, si la ligne attaquante doit la suivre en bataille, la ligne toute entiere marchera en avant, ainsi qu'il est prescrit au *Titre de la marche en bataille.*

Si l'ennemi étoit encore à portée, & si le Commandant en chef jugeoit à propos de se servir de son feu pour empêcher l'ennemi de se rallier, la ligne arrêteroit lorsqu'il en feroit le commandement, & exécuteroit alors les feux de bataillon ou de demi-rang,

Lorsque le Commandant en chef

jugera à propos, il fera cesser le feu, & fera marcher la ligne en avant.

ARTICLE 7.

Feu en retraite.

Si une ligne doit se retirer en bataille devant l'ennemi, elle marchera sans s'arrêter, aussi long-temps qu'elle le pourra.

Mais si elle étoit pressée par l'ennemi, au point d'être obligée de suspendre sa marche pour faire usage de son feu, la totalité de la ligne arrêteroit & feroit *demi-tour à droite*, lorsque le Commandant en chef en donneroit l'ordre.

La ligne exécuteroit alors les feux qui seroient prescrits par le Commandant en chef.

Les feux cesseront au signal qu'il en donnera, & la ligne fera *demi-tour à droite*, & se remettra en marche lorsqu'il l'ordonnera.

ARTICLE 8.

Instruction du Soldat pour tirer à balle.

Pour faire acquérir au Soldat l'habitude d'ajuster, on plantera un but en terre ; d'abord à cinquante toises, on s'en éloignera successivement jusqu'à la distance de cent toises, & en faisant au Soldat les commandemens prescrits au *Titre des feux*, pour apprêter les armes ; on lui fera ensuite le commandement *joue* ; il cherchera en tombant vivement en joue, à aligner la culasse & le bouton sur le but ; on lui fera le commandement, *retirez = vos armes* & le commandement *joue* plusieurs fois, afin qu'il acquière l'habitude de tomber en joue à hauteur & dans la direction du but.

Cette École se fera homme par homme, d'abord en blanc, ensuite à balle ; lorsque le Soldat aura acquis l'usage d'ajuster avec précision on pourra réunir une file, ensuite un peloton ; on fera exécuter alors le feu de file à volonté ainsi qu'il est prescrit dans ce *Titre, article 2.*

On observera alors que l'épaulement soit assez large & assez élevé pour prévenir les accidens, & pour qu'on puisse y retrouver une partie des balles, que l'on ramassera soigneusement pour les faire refondre.

Tous les Soldats passeront tous les ans à cette École, mais on observera d'y exercer sur-tout les recrues de chaque année.

TITRE XV.

Revues d'honneur, d'inspection & des Commissaires des guerres.

ARTICLE PREMIER.

Honneurs à rendre au Saint-Sacrement.

UNe Troupe étant arrêtée & en bataille, les Soldats des trois rangs présenteront les armes au commandement de leur Chef, qui commandera enſuite *genou — en terre ;* le Soldat reculera le pied droit en arriere, poſera le genou droit à terre à dix pouces du talon gauche, en même-temps, il lâchera la main droite, dont le premier doigt & le pouce ſaiſiront la tête du chien, il laiſſera gliſſer la main gauche juſqu'à la premiere capucine, pour poſer la croſſe à terre à ſix pouces, & ſur l'alignement du talon gauche, vis-à-vis la cuiſſe droite, l'arme d'aplomb.

Les Officiers & bas Officiers mettront genou en terre & poſeront la croſſe à terre, ainſi que la Troupe.

Le Saint-Sacrement paſſant, les Officiers, bas Officiers & Soldats porteront la main droite à leur chapeau & s'inclineront, les Tambours battront aux champs.

Le Saint-Sacrement étant paſſé, le Commandant après avoir fait ceſſer es Tambours, commandera *debout ;* es Soldats ſe releveront & reviendront lans la poſition des armes préſentées ;

on commandera ensuite *portez = vos armes*, ils porteront leurs armes.

Si le Saint-Sacrement passe devant un régiment ou un bataillon, ou devant une troupe ayant un drapeau, les Officiers supérieurs & le drapeau salueront de l'épée ou du drapeau, avant de mettre genou en terre.

ARTICLE 2.

Revues d'honneur.

Les rangs resteront serrés, tous les Officiers, Porte-drapeau & bas Officiers à leurs places de bataille.

Le Colonel-commandant, à cheval, six pas en avant de la droite de la premiere compagnie de Fusiliers du premier bataillon.

Le Colonel, en second à pied, six pas en avant du centre du premier bataillon.

Le Lieutenant-colonel, à pied, six pas en avant du centre du second bataillon.

Le Major, à cheval, ira cinquante

pas au-devant de la personne à qui on devra rendre des honneurs, & l'accompagnera jusqu'à la gauche du régiment où il saluera sur l'alignement des Officiers supérieurs.

L'Adjudant se placera à deux pas de la droite des Grenadiers sur le même alignement, ayant à sa droite les Tambours du premier bataillon.

La Musique sera à la droite des Tambours, & le Tambour-major à deux pas sur la droite des Musiciens sur le même alignement.

Les Tambours du second bataillon seront à sa droite.

Les Officiers, Sergens & Soldats porteront leurs armes, & les Tambours seront prêts à battre.

Toute troupe qui sera de pied-ferme aura la tête à droite, à moins que la personne qui devra la voir ne vienne de la gauche; auquel cas on lui fera le commandement *tête = à gauche*.

Lorsque la personne qu'on devra recevoir se sera approchée, & qu'elle se présentera pour parcourir le front du régiment, si elle doit être saluée, les Tambours battront, les Soldats présenteront leurs armes, les Officiers & bas Officiers porteront l'arme au bras droit, les Officiers supérieurs salueront de l'épée, & les Porte-drapeaux du drapeau à mesure que ladite personne passera devant eux.

Si la personne qu'on devra recevoir veut passer dans les rangs, elle en donnera l'ordre; chaque bataillon ouvrira ses rangs à quatre pas, en se conformant à ce qui est prescrit au *Titre VI, article premier, des manœuvres de détail*; les Officiers gardant cependant leurs postes de bataille, & les Officiers & bas Officiers de serre-file restant toujours à deux pas du dernier rang dont ils suivront le mouvement.

ARTICLE 3.

Maniere de défiler dans les revues d'honneur

Lorsque le régiment devra défiler, il se rompra à droite par division ou par peloton, les Officiers gardant les mêmes places qu'ils occupent dans les colonnes.

Dans ce seul cas, la compagnie de Grenadiers rompra comme les autres; le Commandant aura seulement attention de la faire marcher en avant aussitôt après avoir rompu, afin de donner la distance ordinaire à la premiere division du bataillon.

Ordre dans lequel les Régiments doivent défiler.

Le Major, à la tête du régiment.

A quatre pas derriere lui, le Tambour-major.

A deux pas derriere le Tambour-major, la Musique sur un rang.

A deux pas derriere la Musique,

les Tambours ſur un rang, de maniere que le rang des Tambours précéde de huit pas le Capitaine-commandant de la compagnie de Grenadiers.

Les Tambours du ſecond bataillon ſe placeront de même ſur un rang à huit pas en avant du Capitaine-commandant la premiere diviſion de ce bataillon.

Le Colonel-commandant, à cheval, quatre pas en avant du Capitaine-commandant de la premiere diviſion, ayant à ſa gauche & deux pas en arriere de lui l'Adjudant.

Le Colonel en ſecond, quatre pas en avant du Commandant de la compagnie Colonelle.

Le Lieutenant-colonel, quatre pas en avant du Commandant de la compagnie Lieutenante-colonelle.

Au commandement *en avant = marche*, répété par les Commandans de diviſion, le régiment marchera en avant au pas ordinaire, les rangs ſerrés & les armes portées.

On obſervera que les têtes ſoient tournées, & les files des ailes alignées ſur le côté où ſera la perſonne devant laquelle on devra défiler.

Si la perſonne devant laquelle on devra défiler eſt placée à droite, auſſitôt après que les ſubdiviſions auront rompu & qu'elles auront été alignées à gauche par leur chef, l'Officier ſupérieur commandant chaque bataillon ſera le commandement *tête=à droite* qui ſera répété par les chefs de ſubdiviſion.

Si elle étoit placée à gauche, les têtes reſteroient à gauche & la compagnie de Grenadiers romproit comme il eſt preſcrit au *Titre VIII*.

En approchant de la perſonne qu'on devra ſaluer, les Officiers ſupérieurs & le drapeau de chaque bataillon ſeulement, ſalueront en ſe conformant à ce qui eſt preſcrit pour le ſalut de l'épée & celui du drapeau.

ARTICLE 4.

Revues d'Inſpection & des Commiſſaires des guerres.

Lorſqu'un régiment devra paſſer une revue d'inſpection, ou la revue d'un Commiſſaire des guerres, on ne changera rien à ſa formation ordinaire; on fera les livrets dans le même ordre ou les bataillons, les compagnies de Grenadiers, les compagnies de Chaſſeurs & les diviſions doivent être rangées; les drapeaux & leur garde reſteront à leur place ordinaire.

L'intention de Sa Majeſté eſt que tout régiment, tout Officier, bas Officier, Grenadier, Chaſſeur ou Soldat lorſqu'il ſera inſtruit, ne ſoit exercé que pendant ſix ſemaines au printemps & pendant un mois au plus dans l'automne. Sa Majeſté ordonne aux chefs des Corps de ſe conformer à cette regle.

Les Officiers, bas Officiers, Grenadiers Chaſſeurs ou Soldats qui ne ſer[illegible] inſtruits en ſeront exceptés.

Si l'instruction d'un régiment avoit été négligée, le régiment seroit exercé plus long-temps, & il en seroit rendu compte à l'Officier général commandant la division qui en informeroit le Secrétaire d'Etat ayant le département de la guerre.

Pendant le surplus de l'année, on promenera les régimens hors des garnisons avec armes ou sans armes, en se conformant à ce qui est prescrit par le reglement d'administration.

MANDE & ordonne Sa majesté aux Gouverneurs & Commandans en chef en ses provinces, aux Commandans & Gouverneurs dans ses villes & places, aux Officiers généraux ayant commandement sur ses Troupes, aux Commissaires des guerres & à tous autres ses Officiers qu'il appartiendra, de tenir la main à l'exécution de la présente.

FAIT à Versailles le premier juin mil sept cent soixante-seize. *Signé* LOUIS.

Et plus bas, SAINT-GERMAIN.

TABLE

DES TITRES

contenus dans cette Ordonnance.

FIN de la Table.

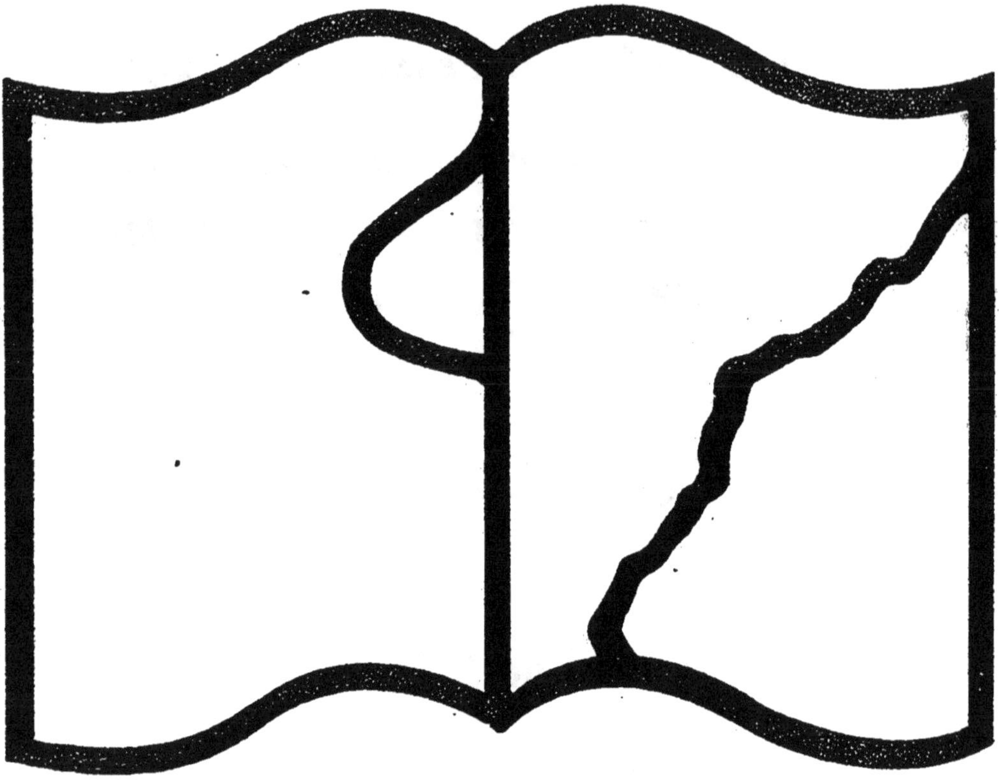

Texte détérioré — reliure défectueuse

NF Z 43-120-11

www.ingramcontent.com/pod-product-compliance
Lightning Source LLC
Chambersburg PA
CBHW060953220326
41599CB00023B/3702
* 9 7 8 2 0 1 3 5 3 1 8 6 3 *